英汉翻译理论的
多维阐释及应用剖析

常瑞娟 著

吉林大学出版社

·长 春·

图书在版编目(CIP)数据

英汉翻译理论的多维阐释及应用剖析/常瑞娟著.
—长春:吉林大学出版社,2019.9
ISBN 978-7-5692-5619-2

Ⅰ.①英… Ⅱ.①常… Ⅲ.①英语—翻译—研究
Ⅳ.①H315.9

中国版本图书馆 CIP 数据核字(2019)第 201148 号

书　　名　英汉翻译理论的多维阐释及应用剖析
　　　　　YING-HAN FANYI LILUN DE DUOWEI CHANSHI JI YINGYONG POUXI

作　　者　常瑞娟　著
策划编辑　孟亚黎
责任编辑　孟亚黎
责任校对　刘守秀
装帧设计　崔　蕾
出版发行　吉林大学出版社
社　　址　长春市人民大街 4059 号
邮政编码　130021
发行电话　0431－89580028/29/21
网　　址　http://www.jlup.com.cn
电子邮箱　jdcbs@jlu.edu.cn
印　　刷　北京亚吉飞数码科技有限公司
开　　本　787mm×1092mm　1/16
印　　张　16.25
字　　数　211 千字
版　　次　2020 年 3 月　第 1 版
印　　次　2020 年 3 月　第 1 次
书　　号　ISBN 978-7-5692-5619-2
定　　价　78.00 元

前　言

　　语言是人类文明能够构建的重要基石,通过语言,人们能够对事物进行表达与描述,并通过抽象的概念进行描述,这都极大地提升了人类文明的层次,也是与其他物种脱离的重要标志。虽然由于天然的阻隔、生产方式等的不同导致人类在发展过程中形成了自身独特的语言体系,但是这并没有阻断不同文化之间的交流,其原因在于翻译的存在。

　　翻译是实现不同文化背景下人们进行沟通的桥梁。所谓翻译,通俗是指人们对不同语言表达的内容进行理解,进而使用一种可以理解并熟悉的语言进行传达的过程。中西方对翻译的研究颇为久远,近代以来,为了实现富强,也引入了不同的文化与科学知识,要想对他国文化与科学知识有所了解,必然需要对翻译展开多层次、多角度的研究。尤其是随着经济全球化的不断推进,对外交往更加频繁,内容更为广泛,层次更为深化,这些都标志着翻译研究需要更为深入。人们在长久的研究中也认识到:翻译不仅是简单的文字转化,还涉及很多文化内容的传递、语言美学的呈现等内容。因此,对翻译进行多角度的研究显得尤为必要。基于此,作者策划并撰写了《英汉翻译理论的多维阐释及应用剖析》一书,以期正确认识翻译,实现翻译的跨学科研究,落实相关理论,从而更好地促进翻译实践。

　　本书共包含九章。第一章和第二章开篇明义,对翻译的基础知识展开分析探讨。第一章分析了翻译的界定、分类、过程、对译者的素质要求。第二章紧接着论述了中西方翻译理论的发展,并探讨了中国翻译学及翻译伦理学的构建。前面两章内容为后面内容的展开做了很好的铺垫。第三章从语言与文化的关系入手,探讨了英汉语言与文化的差异,这是英汉翻译展开的基础。第四章从词汇、句子、语篇三个层面分别论述了英汉翻译的技巧。第五章至第八章为本书的重点,从文化、文学、文体、语用四个视角阐释了翻译理论。语言与文化有着密不可分的关系,而翻译是语言的一个重要组成部分,翻译也就自然而然地成为传播各种语言、各种文化信息的工具,并且成为文化间交流的一个重要桥梁,因此第五章对文化翻译理论进行阐释,包含文化及文化翻译观、文化翻译的原则与策略,并对文化翻译的具体应用进行探讨。文学是人文学科的领域,每一个文学文本都有自身的特性,这些也造就了某个时代、某个民族、某位作家所特有的印记,这些印记在翻译成另外一种语言、另外一种文化时,会使译者处于两难选择的境地,因此第六章对文学翻译理论进行阐释,包含文学语言及文学翻译、文学翻译的主体与问题,最后探讨了文学翻译的具体应用。翻译是一种语言活动,人们进行语言活动的主要目的是进行思想交流,不同的交际环境、交际方式、对象以及目的,要求人们使用不同的"语言",这里的"语言"指的就是文体,因此第七章对文体翻译理论进行阐释,包含文体学及翻译文体学、文体翻译的标准,并论述了文体翻译的具体应用。翻译活动不是一项简单的语言转换活动,还必须考虑语用因素,只有将原文译成符合目的语表达习惯的语言才算得上真正的好译文,因此第八章对语用翻译理论进行阐释,包含语用学及语用翻译观、语用翻译的策略,并论述了语用翻译的具体应用。最后一章对翻译中的口译理论进行阐释,分析了口译与笔译的区别、口译的定义与特点、口译的过程与策略,并基于这些理论从商务谈判、外事接待等领域论述了口译的具体应用,也为本书画上一个圆满的句号。

本书在撰写中体现了三大特色。

首先,层次鲜明。本书在撰写中结构清晰,从主题英汉翻译理论入手层层切入,探讨了翻译基础、翻译理论、翻译技巧、具体翻译观及应用等相关问题,主题凸显且具有系统性。

其次,实用性强。本书不仅探讨了英汉翻译的相关理论,还在理论基础上论述了具体的应用,做到了理论与实践的结合,具有较强的实用性价值。

最后,亮点突出。以往关于翻译的书籍大多探讨的是翻译策略,很少对翻译理论进行拓展。本书基于已有研究,从文化、文学、文体、语用等多个视角入手,并从跨学科的视角对翻译学理论和实践等问题进行了深入探讨,可谓既丰富了理论,又指导了实践,对我国翻译水平的提升必然产生强大推动力。

本书在写作前搜集了诸多与翻译相关的文献资料,并在写作过程中引用了很多相关专家和作者的观点,在这里致以诚挚的谢意,并将相关参考资料列于书后,如有遗漏,敬请谅解。由于作者学识有限,书中有疏漏之处实所难免,恳请广大读者不吝指正。

作　者
2019 年 4 月

目　　录

第一章　翻译导论

对于翻译的基础知识，是翻译研究不可回避的话题。一谈及翻译，很多人可能会想到合同文件、新闻报道等的日常翻译，很多人对翻译的理解也都限于语言转换的层面。实际上，翻译的范畴非常广泛，其是一门非常复杂、精深的语言学科。要想更好地展开翻译，译者不仅需要具备高深的语言天赋，还需要经过长期的实践检验。因此，翻译不仅仅是一门普通的学科，更是一门艺术。本章作为开篇，对翻译的基础知识展开探讨，为后面章节内容的展开做铺垫。

第一节　翻译的界定

翻译的概念是翻译理论的基础与原点。翻译理论的很多流派都对翻译进行过界定。人们的翻译活动已经有 2 000 多年的历史，且对翻译概念的认知也在不断发展。

一、翻译的概念

学者威尔斯(Wilss)说："一部翻译史事实上就是对'翻译'这个词的多义性进行的论战。"[①]从威尔斯的论述中可知，对翻译的理解需要从多个层面进行考量。

---

① 威尔斯.翻译学——问题与方法[M].祝珏,周智谟,译.北京:中国对外翻译出版社,1988:19.

(一)感悟式·语文学式·文艺式·通论式

人们对翻译最初的认识是感悟式的,主要是通过隐喻或者比喻的方式来进行表达。

著名学者谭载喜(2006)通过对大量关于翻译的比喻说法进行总结,认为翻译主要是由作为行为或过程的翻译本身、作为结果的译文、作为主体的译者构成。[①] 从作为行为与过程的翻译本身来说,很多形象说法都对翻译的特点、性质等进行论述。

语文学式是对翻译的进一步认识,在这一层面上,人们往往通过一些简单的话语表达对翻译的看法,这些看法虽然构不成系统,但是也存在着一些真理,甚至有些对后世的翻译研究有着深远影响,如严复的"信、达、雅",至今仍被视为翻译工作的一大重要标准。

翻译可以被视作一种对问题进行解决的活动,因为源语中的某一元素可以采用目的语中的某个元素或者某几个元素来处理。[②] 之后,由于翻译活动多为文学作品的翻译,对于翻译概念的探究主要是从文学层面展开的,因此是文艺式的研究。这类研究强调文学作品的审美特征,并将文学翻译的本质特征揭示出来。文艺式的翻译主要是针对文学这一语体来说的,将那些非文学翻译活动排除在外,所以缺乏概括力。

进入 20 世纪中期,人们认识到无论是文学翻译还是非文学翻译,语言的转换是必须的,因此就语言学角度对翻译进行界定是最具有概括力的,能够将不同的翻译类型揭示出来,也开启了现代意义上的翻译研究,将传统对翻译的界定转向翻译的通论研究,将传统对文学翻译的研究转入翻译专论研究,这就是通论式阶段。从整体上说,通论式翻译研究对于翻译的普适性是非常注重的,因此其概念也更为大众化。

---

① 谭载喜.翻译比喻中西探幽[J].外国语,2006,(4):73-80.
② 蔡新乐.翻译哲学真的没用吗?——从皮姆的《哲学与翻译》看翻译的概念化及西方翻译思想史的重构[J].外语教学,2014,(6):103-107.

（二）从语言维度到语言—文化维度

从普通意义上对翻译进行的界定有很多，但是并未形成一个统一的界定。通论式翻译概念的确立是从语言学角度来说的，并随着语言学研究的深入而不断完善与发展。

俄罗斯著名的学者费奥多罗夫（Fyodorov）从传统语言学角度出发，将翻译界定为"运用一种语言的多种手段，将另外一种语言的多种手段在形式、内容层面不可分割的统一体中所传达的东西，用完整、准确的语句表达出来的过程"。[①]

英国学者卡特福德（J. C. Catford）从普通语言学理论视角，将翻译定义为"将源语文本材料替换成等值的译语文本材料的过程"。[②]

英国学者纽马克（P. Newmark）认为，翻译形式是将一种语言/语言单位转换成另一种语言的过程。所谓的语言/语言单位指的是整个文本或者文本一部分的含义。[③]

美国学者奈达与泰伯（E. A. Nida ＆ C. R. Taber）指出："翻译是用目的语创造一个与源语最接近的等值物，意义为首，风格为次。"[④]

从语言学角度对翻译进行界定是对翻译活动核心——语言转换的把握。通论式翻译概念对人们从宏观角度认识翻译有着巨大的帮助。但是，仅仅对语言角度进行强调并不全面，也很难将翻译的概念完全揭示出来，翻译的概念还应该涉及文化部分。

许钧指出："从语言学角度对翻译进行界定是将翻译活动限于语言转换层面，这样会容易遮盖翻译所囊括的广义内涵，且容

① 杨仕章. 翻译界说新探[J]. 外语教学, 2015, (6): 101.

② Catford, J. C. *A Linguistic Theory of Translation*[M]. London: Oxford University Press, 1965: 20.

③ Newmark, P. *About Translation*[M]. Beijing: Foreign Language Teaching and Research Press, 2006: 27.

④ Nida, E. A. ＆ Taber, C. R. *The Theory and Practice of Translation*[M]. Shanghai: Shanghai Foreign Language Education Press, 2004: 12.

易忽视语际翻译的全过程及翻译中所承载的文化。"①

当然,这不是说从语言学角度对翻译进行界定的那些学者并未重视文化问题。例如,奈达就对文化因素非常看重。

科米萨罗夫(Komissarov)就指出:"翻译过程不是仅仅将一种语言替换成另外一种语言,其是不同个性、文化、思维等的碰撞。"②同时,科米萨罗夫专门对翻译学中的社会学、文化学问题进行了研究。即便如此,他们下的定义仍未能明确文化这一维度。

众所周知,语言与文化有着密切的关系,在两种语言进行转换的过程中,必须将文化问题加以解决。因为文化问题不解决,会给翻译带来巨大的困难。原作是从源语文化而来,对原作的正确解读也需要考虑原作所在的源语文化,这是译者的第一大困境;另外,如何将对原作解读的结果转化为译语文化而恰当进行表达,是译者的第二大困境。

从某种意义上说,翻译似乎正在向跨文化研究的领域转变,并成为当前翻译研究的一大趋势。如果说语言学派关注到翻译的文化问题,但是并未体现在定义中,那么文化学派则是将翻译的文化问题凸显出来。他们将翻译视作对原作的改写。正如勒弗维尔(Lefevere)所说:"翻译是对原作的改写,而改写就是操控,因此翻译就是操控。"③

客观来说,文化学派的翻译研究揭示了在西方文化语境下,翻译沦为一种文化工具的情况。在我们眼中,翻译的文化工具并不能作为翻译研究的核心,因为其他如影视、文学等在内的文化活动也同样会成为文化工具。翻译理论的核心应该置于文本转换层面。当然,文化学派能够对实际翻译与理想翻译之间错位情况进行很好的阐释,也让人们意识到翻译中文化维度是不能缺少的。事实上,有些学者在给翻译下定义时考虑了这一点。

---

① 许钧.翻译概论[M].北京:外语教学与研究出版社,2009:29.
② 杨仕章.翻译界说新探[J].外语教学,2015,(6):101.
③ Lefevere,A. *Translation,Rewriting,and the Manipulation of Literary Fame* [M].London and New York:Rouledge,1992:7.

俄罗斯学者什维策尔认为在翻译中应该将两种语言、两种文化、两种情境体现出来，并分析出二者的差别。在他看来，翻译可以定义为如下两点。[①]

（1）翻译是一个单向的，由两个阶段构成的跨语言、跨文化过程，在这一过程中，往往需要对源语文本进行有目的的分析，然后创作出译语文本，对源语文本进行替代。

（2）翻译是一个对源语文本交际效果进行传达的过程，其目的由于两种语言、文化、交际情境的差异性而逐渐改变。

显然，在什维策尔的定义中，文化因素被包含在内，并指出翻译是跨文化交际的过程，强调译本语境是另一种语言文化环境。

我国学者许钧认为翻译具有五大特征，即符号转换性、社会性、创造性、文化性、历史性，并基于这五大特征，将翻译定义为"以符号转换作为手段，以意义再生作为任务的一项跨文化交际活动"。[②]

显然，当前的翻译已经从语言维度逐渐过渡到语言—文化维度。

（三）翻译的传播形式：单向跨文化传播

不得不说，在翻译的定义中将翻译的文化性体现出来是一个很大的进步。但是，在将文化性体现出来的同时，很多学者习惯运用"跨文化交流"或"跨文化交际"这样的说法。

不可否认，翻译是跨文化交际活动，但是这样的表述，大多是从历史角度对不同民族间的翻译活动历史成效进行的定性表述。

学者普罗瑟（Michael H. Prosser）认为，跨文化交流活动需要的是双向互动，但是跨文化传播则需要的是单向互动。[③] 由于具

---

① 杨仕章.翻译界说新探[J].外语教学,2015,(6):101.

② 许钧.翻译概论[M].北京:外语教学与研究出版社,2009:41.

③ 普罗瑟.文化对话:跨文化传播导论[M].何道宽,译.北京:北京大学出版社,2013:3.

体的翻译活动往往呈现的是单向过程,因此决定了翻译活动应该是一种传播活动。所以,如果确切地对翻译进行界定的话,可以将翻译定义为"一种跨文化传播活动"。

如果翻译的语言特征体现为不同语言之间的转换,那么翻译的文化特征体现的则是文化移植。当然,这种移植可以是引入,也可以是移出,由于源语文化与译语文化并不是对称的,同一个文化因素在引入与移出的过程中不可避免地会遇到不同的翻译策略。这样可以说明,无论是从语言转换的角度,还是从文化移植的角度,翻译都是单向性的。

(四)翻译的伦理要求

众所周知,译者在翻译中扮演语言中介者的角色,当然其不仅仅是进行翻译,也有可能是编译或者节译等。在具体的实践中,翻译与非翻译的边界是相对模糊的,文化学派甚至认为翻译就是改写,但是从理论层面来说,翻译的外延也是非常重要的。

费奥多罗夫提出的"准确、完整"对确定翻译是什么具有重要的意义。这里所说的"准确、完整"是与改编、复述与简述、各种改写有明显区别的纯翻译。当然,语言学派提出的绝对准确、完整只是一种理想状态,这种等值是不存在的,在具体的实践中也是不可能的。文化学派也揭示出翻译不是在真空中进行,往往会受多种因素的影响和制约,因此翻译会存在着明显的不准确、不完整的情况。但是,这不意味着翻译对译文的准确性、完整性没有任何要求,其作为一种文化行为,超越了纯粹的个人行为,其发生的前提必然是源语文本从整体上能够被译语文化接受。因此,从接受的角度来说,其为准确、完整地实现翻译奠定了基础。

"准确、完整"不仅是对译与非译进行区别的标记,还是通常人们所说的"好翻译"的标记。而所谓的"好翻译"即涉及翻译伦理问题。翻译伦理研究存在多种观点、多种角度,其中有些观点是基于对原作、他者进行忠实、准确的再现。① 简单来说，要想对翻译的再现原理加以坚持与把握，译者就必须对原作加以再现。当然，在具体的翻译实践中，要想实现绝对的准确、完整是非常困难的，但应该尽可能地实现准确、完整。

（五）翻译的任务：源语文本的再现

在多种翻译定义中，"意义"一词经常出现，其主要包含翻译的客体，即"翻译是什么？"应该说，"意义"相比费奥多罗夫的"所表达出的东西"，更具有术语性，用其解答什么是翻译的问题是翻译学界的一大进步。但是不得不说，有时候运用"意义"对翻译进行界定会引起某些偏差，因为很多人在理解意义时往往会受结构主义语言学的影响，认为语言是有着固定的、明确的意义的。但就实际程度来说，语言的意义非常复杂。

20世纪下半叶，结构主义学派的意义观受到了解释哲学、现象学等的挑战，在他们看来，语言的意义绝对不是像结构主义学派认为的那样透明、不变。就意义的角度对翻译进行界定，有时候需要添加一些附加条件。例如，巴尔胡达罗夫（Barkhudarov）在提出"应该保证内容（意义）的不变"的同时指出："这只是相对来说的，并不是绝对的。在语际转换的过程中，不可避免地出现损失，即存在有些在原作中所传达的意义无法表达的情况。"著名语言学家利奇（L. N. Leech）在指出意义的七大类型的同时，还指出："我不希望给人留下这样的印象，即这些就是所有意义的类型，能够将所传递的一切意义都表达出来。"②同时，利奇还使用sense来表达狭义层面的意义，而对于包含七大意义在内的广义层面的意义，利奇将其称为交际价值，这对于人们认识翻译有着

---

① Williams, Jenny & Chesterman Andrew. *The Map: A Beginner's Guide to Doing Research in Translation Studies*[M]. Shanghai: Shanghai Foreign Language Education Press, 2004:18.

② 利奇.语义学[M].李瑞华，王彤福，杨自俭，穆国豪，译.上海：上海外语教育出版社，1987:29.

十分重要的意义。也就是说,源语文本中的各种意义实质上都具有不同的价值,将这些价值进行结合就是所谓的总体价值。

虽然很多学者认为,如果不考虑原作的细节,就无法谈及原作的整体,但是原作并不是细节的叠加。这在文学文本中也是如此,因此从文本整体层面来考查翻译概念也是非常必要的。

王宏印在对翻译进行界定时指出:"翻译的客体是文本,并指出文本是语言活动的完整作品,其是稳定、独立的客观实体。"①但是,原作文本作为一个整体如何成为译本呢? 笔者认为,美学中的"再现"恰好能解释这一过程。

在美学中,再现是对模仿的超越。在模仿说中,艺术家的地位不足一提,他们不过是现实身后的"奴仆",他们的角色如同一面镜子,仅是被动的记录者,自己是一无所有的。也就是说,在模仿说中,艺术品、艺术表现力是不值得一提的,因为到头来要评定艺术品,看其是否与真实物相像。但是实际上,模仿说并未将艺术创作的真实情况反映出来,在看似被动的模仿过程中,也包含了很多艺术的创造与表现行为,其中蕴含了艺术家的个人风格与体验。同样,即便是不包含艺术性的信息类文本,其翻译活动也不是被动的模仿,而是译者的创造性表现。而对于富含艺术性的文学翻译,模仿说更是站不住脚的。最后,模仿说被再现替代。

再现论与美学思考的要求相符合,因为再现论更多地关心作为再现形式的艺术是如何对外在世界进行表征的,以及如何展现其内在的美学规律的。所以,再现论并不是将艺术品判断视作一个相似或者相像的评价,而是一个审美层面的判断。同样,无论原作是否具有艺术性价值,译作都是对原作进行的再现,而不是一种复制或者模仿。正是基于这个意义,我们认为译本是原作的再现,翻译是为了对原作进行再现的过程。

用再现这一术语对翻译概念进行说明,可以明确地展现翻译

---

① 王宏印.英汉翻译综合教程[M].大连:辽宁师范大学出版社,2002:54.

的创造性,可以将译作的非依附性清楚地表现出来。这是因为,再现与被再现事物本身并不等同,而是一个创造性的艺术表现形式,同时再现还可以实现译作替代原作的功能。

(六)翻译的形式:语言与思维的双重转换

恩格斯(Engels)曾经说过,思维是人脑的机能。有科学家争论动物也有思维,他们通过实验发现,狗会算算术,黑猩猩可以借助工具获取食物,猫能够学会便后冲马桶,猴子可以借助石块砸开核桃,鸟类有自己的语言,海洋鱼类也能发出不同的声音信号,甚至还有人类无法用耳朵听见的超声信号,狼群狮群配合捕猎等,这些都是动物思维的表现。

通过思维而获得创造工具的能力是人类与动物共同的标志,只是人类较为高级一些。我们既然承认人类发源于动物界,那么就应当承认动物思维的存在,不过这只是最广义的思维范畴,从严格意义上来说,动物只具有低级的思维方式,而经过不断进化的人类的大脑才是高级思维的物质条件,是高级思维方式的基础。

同样,人类的语言也是从动物的这种广义范畴的低级语言逐渐进化到狭义范畴的高级语言的。或者说,人和动物思维的本质不同在于各自运用不同的语言思维方式。从生理学来看,思维也是人类与动物之间共通的,它是一种高级的生理活动,是大脑中的一种生化反应过程。人类除了睡觉之外,几乎每时每刻都在思考,思考人与自然界的关系,思考个人与他人的关系。通过思考从现象深入事物的本质,发现事物的内在规律,使自身能够在客观世界中生活得更好。可见,人的思维是对客观世界的一种反映,是人类在认识客观事物时动脑筋进行比较、分析、综合等的过程。

当今网络世界成为越来越多人的第二种生活,人们可以在网络上做现实生活中的所有事情,衣食住行,求学求职,甚至"结婚生子",有人认为这种虚拟现实不再是客观世界,而人们在网络上的思考和行为就不再是对客观世界的反映,因此得出结论:思维可以脱离现实。其实,我们应当清醒地看到,网络世界也是客观世界的反映,虚拟现实中的种种都留有现实世界的影子。衣食住行等行为都是客观世界里的客观反映,虚拟现实也是对客观世界的反映,因此对于网络虚拟思维,我们同样应当将其看作对客观世界的反映。

人类无时无刻不在用自己的大脑进行思维与创造,而人们很少对自身的"思维"进行思考。在学校里,思维科学也很难成为一个独立的学科。虽然有脑科学、语言科学、逻辑学等相关学科,研究思维的物质基础、外在表现、各种形式等,对于人类"思维"的整体研究却无法独立成科,这确实是一个遗憾,其关键原因就在于很难为思维定义。那么究竟怎样给思维下一个准确的定义呢?人们会从哲学角度、心理学角度、语言学角度给出不同的定义。例如,按照"思维科学首批名词术语征求意见稿"中的定义:"人类个体反映、认识、改造世界的一种心理活动",立刻会有人提出质疑,认为这样的定义把思维纳入了心理学的范畴。

思维科学的创始人钱学森教授高度重视思维科学的重要性,把思维科学提升为与自然科学等并驾齐驱的一类科学。他提出了现代科学的一个纵向分类法,把现代科学分为六大部类:自然科学、社会科学、数学科学、系统科学、人体科学、思维科学。

这样,我们就能够更加清晰地认识思维科学的位置,脑科学、语言科学、逻辑学、心理学等学科都可以统一在思维科学体系之下。科学家提出了一整套思维科学的体系架构及其友邻科学,我们可以进行参考。总之,要为思维定义,一定离不开三个要素,即人脑、客观事物、内在联系。

首先,思维是人脑特有的机能,是人的大脑中进行的一种"活动"和"过程",是一种生化反应。

其次,思维是人脑对客观事物的反映。

最后,人类通过思维能够认识客观事物的内在联系,对客观事物形成间接的和概括性的反映。

　　人们的思维认知过程总是借助于视、听、嗅、触、说、思等手段来进行的,而人的眼视、耳听、鼻嗅、手触、口说、脑思等,又都毫无例外地通过语言来反映。思想不能脱离语言而存在,语言是思想的直接现实。语言与思维紧密相连,它们的关系辩证统一。语言有两个主要功能:思维功能和交际功能。它既是思维的产物,也给思维提供物质材料;而思维是语言的核心,它必须借助语言来进行工作。

　　思维的过程即人脑对外界信息的接受、加工和处理的过程。外界的语音、文字等信号通过听觉、视觉、触觉等方式被大脑接受后,便迅速进入大脑的信息加工处理程序。语言信息的加工处理过程是在大脑中进行的,这点不必用语言学来推导。其他相关科学的实验、测试手段(如脑电图、磁共振)能更加直接地证实。最明显的是人们在说话时可以用脑电图测得脑电波,这样的脑电波测试可以重复成千上万次,结果都显示脑电波的存在。这就足以证明语言信息确实在物质大脑之中,语言信息的加工处理也在大脑中进行。

　　语言是逻辑思维的工具,当人们的大脑进行思考时,语言中枢就会对思考着的画面进行"解说"和编码,大脑会自动选择自己最熟悉的语言——母语来进行编码。对于同时说两种或多种语言的人来说,语言中枢也会根据不同的情境,自然地做出选择。比如,人们常常会发现,双语儿童在和说中国话的妈妈说话时说中文,而和说英语的爸爸说话时自然地转换成英语交流,这就说明大脑会根据情境自动选择合适的语言来表达思维内容。

　　对于学习外语的人来说,无不把能够用外语进行思维作为学好这门外语的最高境界,能够熟练地像母语一样操控一门语言,我们的大脑就会在合适的情境中"毫无偏见"地采用这门语言作为它思考的工具。随着社会的发展和科学的进步,人们对语言、思维和现实的思考从更多角度展开。

二、翻译的要素

翻译的要素指的是翻译研究所涉及的四种人。传统的翻译研究重点放在对原作的忠实上,原作是翻译研究的源信息。然而,随着经济全球化的进程加速,国际间的交流日趋频繁以及语言的变化、观念的改变、需求的改变、文化的融合、学科的交叉,人们对知识的内涵及外延可能会产生新的认识。尽管人们对事物的本质认识不是因人的主观意识而转移,但对现象的观察角度和对现象研究的切入角度会因时间的变化或多或少出现变化,这是大家有目共睹的现实。在翻译研究的方法上比起过去,如50年前,就有了新的思维和新的视野。所谓翻译的要素,具体地说就是作者、译者、读者以及翻译批评者。现代人对翻译现象的认识在原来基础上有了更进一步的认识。翻译研究的重点不仅仅是从原作到译作,而必须将作者、译者、读者、翻译批评者以及他们之间的关系作为翻译研究的对象。

(一)作者

只研究原作而不研究原作的作者是不科学的。作者的个性、风格特征、审美情趣都反映在其作品中。不研究作者,就无从真正、全面了解作者及其作品,那么翻译其作品或研究该作品的译本就将有所缺陷。作者与读者有着密切的关系。作者也许在写作(创作)时没有想到潜在的读者对其作品会有何反应。但是,任何一位作者在进行写作时,心中通常都有潜在的读者。作者所创作的作品是作者创作目的的初步实现。作者的作品提供给读者并让读者获得作者预期要达到的目的,即原作对读者发生了作用。同样的道理,翻译者在翻译时必然要想到原作作者的写作目的,也要想到读者。译者也是作者,是再创作的作者,因为译者的翻译也是一种创作。译作者要传递的信息,尤其是字里行间的信息,正是原作者写作时特别看重的信息,他通过某种创作手法将这种信息传递出来,以加强信息对信息接收者造成的印象。翻译过程是翻译者理解了原作后将原作的信息在译入语中再现出来。但是,若不对作者及作者某部作品的目的、背景等进行仔细研究,翻译时就将导致信息在传递过程中的丢失。可见,对原作者的重视和研究是翻译的重要一环。

任何作者的创作活动都是为了作品的产生。作者在从事创作时心中必定有一定的目的。他创作的目的是为了完成某种心愿或通过创作达到自己所代表的人或单位的目的。作者的创作离开了读者就失去了其意义。"研究作者,主要研究作者的社会、功能角色与他们所处的社会、语言、文化环境。"因为这些涉及作者的各个方面对作者都产生影响,尤其是文学创作。

在国际商务中,作者的功能、社会地位、文化环境对作者有直接的影响。研究作者,必须考虑他所处的社会、自然环境、经济环境、语言环境等,因为每个人都是社会中的人,每个人所处的各种环境势必会影响到他的价值观和世界观。这一切都有可能反映在他的创作中。尽管国际商务翻译不像文学翻译那样可以掺杂个人的主观因素,国际商务翻译译者也不能忽略对作者的社会环境的研究。因为国际商务作者的创作与自己所处的经济环境同样有密切的关系。作者可以分为不同的种类,尤其是就国际商务翻译而言,可以根据国际商务英语的实质来划分作者的种类。由于国际商务涉及许多不同的领域,所以文本的作者来自不同的行业。翻译的作者可以分为以下几种。

1. 行业作者

行业作者指文本所涉及的行业人员。例如,法律文本的创作者通常是学习法律出身的律师、法学家或有法律专业背景的政府部门官员。又如,商业广告文本的作者是广告专业毕业的人员或从事广告专业的专门人才。

2. 独立作者

就国际商务而言,独立作者指原文本作者没有合作伙伴,是独立人,但有时代表法人来创作原作,如编写公司规章等。国际商务英语文本作者与文学作品的创作者有本质的区别。文学作品作者是将自己的思想和创作意图通过其作品来体现,而国际商务文本的作者通常并不表现自己的原创作意图,换言之,他代表群体的利益来创作。当然,在不同的情况下,商务文本作者也有可能仅仅将自己的创作意图体现在他的创作文本中去,如商务报告、国际商务理论著作等。翻译研究有必要对作者加以分类来研究作者创作文本的初衷,以便能对翻译进行更深层面的研究。

3. 群体作者

群体作者指原作的作者不止一个人。有时,原作的创作需要由几个人甚至更多的人来完成,如合同条款的制订等。翻译再创作也常有群体作者,如技术资料由于时间关系需要有更多的人来完成翻译工作。在非文学翻译中有更多的群体作者,如国家的政策英译或重要的英语文献的汉译有时需要集体的力量来研究、翻译。作者一方面是针对其作品而言,他是作品的制作者。另一方面,作者是相对读者而言的,作者的创作目的都是为了让读者阅读。作者的创作和读者的阅读构成了创作的全部,没有读者的介入,作者的工作就失去了意义。当代解构主义提出原作者死亡论。法国解构主义理论的代表人物之一罗兰·巴尔特(Roland Barthes)在阐释读者与文本的关系、在分析文本的意义时,明确宣称:"作者死了!"罗兰·巴尔特认为作者在创作了作品后,文本中的语言符号就起作用了。我们理解所谓"作者死了"是说作者完成了创作的使命,他再也不需要,也不能为后来的读者或译者进行阐释。读者或译者因而只能自己去理解、解读文本的含义。文本一旦被作者完成就是客观的存在。作者与其创作的作品脱离了关系,从空间上和时间上都产生了距离。这听上去很有道理。不过,从另外一个角度来看,作者并没有真正死亡。我们也可以这样理解:作者已经将自己的灵魂融入其作品之中,在文学作品中更是如此。译者怎样在原作中找到作者的"灵魂"取决于他对作者及其作品的理解和研究程度。不管从翻译实践还是从翻译理论研究的角度,对作者的研究是翻译学科的必要的课题。只有对原作的作者有深入的研究,才能对翻译的实质有更清楚的认识,从而做好翻译实践工作和翻译研究工作。

(二)译者

译者在整个翻译过程是个非常重要的角色。译者也是创作者,是自己译作的读者和批评者。翻译是创作,和原作者的创作不同的是,翻译创作的素材主要来自原作,另外就是来自译者的生活经验和知识积累。译者要翻译原作,必须仔细阅读和研究原作。一般的原作读者在阅读时不会仔细研究(研究者除外),而译者必须如此,只有对原作的含义完全、准确地理解了,才能创作出好的译作。译者同时是批评者,因为在阅读原作的过程中译者必须对原作的语言信息进行加工,在从理解到表达的过程中审时度势。对译者的认知直接影响到对翻译性质的认识。长期以来,译者似乎总是处于一种尴尬、被动的地位,其所从事的翻译工作有时吃力不讨好。历来人们对译者的看法有以下几种。

1.译者是"仆人"

有人认为译者是"仆人",侍从于两位"主人":作者和读者。从表面上看来,似乎没错。译者的再创作必须以作者的作品为准,不能离开作品。同时,译者必须对读者负责,必须将作者蕴藏在其作品中的思想真实地呈现给读者。然而,事实上译者不应该是"仆人"。我们认为,译者应该"从奴隶到将军"。译者的再创作应该在原作的基础上有自己的空间,在这些空间中,译者在再创作过程中充分把握作者赋予其作品的精神。译者并不是亦步亦趋。我国著名翻译家许渊冲提出的翻译"竞赛论"充分证明了这一点。

2.译者是"叛逆者"

此说源自意大利的名句 Traduttori traditori(翻译者,叛逆者也）。所谓叛逆，主要指译者在翻译过程中没有办法将原作的全部内涵传译到译作中去，译文有违背原作的地方。这种说法也不无道理。但是，说译者是"叛逆者"未免有点过分，因为"叛逆者"通常指大逆不道之人，而译者只不过是在翻译过程中丢失了部分信息而已，况且高明的译者在翻译过程中丢失的信息是有限的，并且能将丢失的信息通过某些手段很大程度上弥补过来。

3.译者是"隐形人"

这种说法其实是对译者提出要求，即要求译者在译作中不能让读者看出有自己的"影子"。在我国，早在隋代彦琮就提出对译者的要求。要想在译作中完全没有译者的"影子"只是一种理想。美国著名翻译家奈达博士说："所谓翻译，是指从语义到文体在译语中用最切近而又最自然的对等语再现源语的信息。"奈达说"最切近而又最自然的对等语"，言下之意是说不可能做到真正百分之百的对等，翻译过程中必然有信息丢失。任何译者在长期的翻译过程中往往会形成自己的翻译风格，尤其是在处理流失的信息时，有自己的特殊处理方法。所以，译者要做一个真正的"隐形人"几乎不可能。例如，傅雷的译文总是"隐藏"着傅雷。熟悉傅雷译作的人在读他的译文时很快就可以感觉到傅雷的"存在"，这样，傅雷就不是真正的"隐形人"了。这种"隐形人"的"现身"体现出译者的翻译风格。译者的翻译风格的形成表现于译者的译入语语言的风格标记，换言之，就是译者在使用译入语表达时所形成的自己独特的风格特征。做一个非常称职的译者不容易。奈达认为译者必须具备以下一些条件：必须非常熟悉源语；精通译入语；精通或掌握所译文本的体裁（文本文体）；具备"移情"能力，即能体会原作者的真正意图；具备语言表达的才华和文学想象力。

译者若能做到这五点要求，就基本上能做一个"隐形人"，而要真正做到并非易事。虽然国际商务翻译者一般不需要像文学翻译者那样有丰富的想象力，但必须熟悉国际商务的有关业务知识。另外,我们认为,译者还必须了解翻译理论的基础知识。虽然译者在从事翻译工作时不会想到翻译理论,但当译者在翻译过程中遇到问题时,若有翻译标准的参照,有翻译理论的依据,就可以大胆地用符合该标准或理论的方法进行翻译,提高翻译质量,从而尽可能将自己"隐藏",在译作中充分再现原作者。

4.译者是翻译的主体

对于翻译的主体,一直存在不同的学术观点。根据陈大亮所做的分类,有四种观点存在:认为译者是翻译主体;认为原作者与译者是翻译主体;认为译者与读者是翻译主体;认为原作者、译者与读者是翻译主体。

从这四种不同的观点可以看出,人们从不同的角度去认识翻译的主体。然而,我们更同意第一种观点:翻译的主体是译者。方梦之认为:"翻译主体常指译者或称译者主体(以翻译行为本身而言)。"方梦之在其《译学辞典》中虽然也列举了其他观点,但是他将翻译的主体译者放在首要的位置,足以说明他对翻译主体的认识。主体的特征是主体所具有的主观能动性。

译者作为翻译的主体,对翻译作品这一客体有所作用,他具有创造性和自主性。译者对原作者及其译作的作用过程表现在他对作者的创作意识和思维加以阐释,对译作也加以阐释。作者不是翻译的主体,因为作者没有介入翻译的任何活动,他的主观能动性表现在他对客观世界的认识,并通过思维的方式,用语言将其认识表现出来。译者不同,译者的所为是针对已经存在的客体:原作。作者在创作过程中是主体,而在翻译过程中则是译者研究的客体。译者在翻译中是主体,因为"译者从语言(文本)出发重构客观世界"。另一方面,读者不能被视作翻译的主体,而是接受主体,因为读者是译文的接受者。读者的行为性质不足以构成翻译的主体性,翻译的主体性指"译者在翻译活动中表现出来的本质特征,即翻译主体能动地操纵原本(客体)、转换原本,使其本质力量在翻译行为中外化的特性"。既然读者不是能动地操作原本和转换原本的行为者,即读者并不参与翻译的实际过程,这样,就不构成翻译的主体性,所以读者同样不能被认为是翻译的主体。在整个翻译过程中,译者是中心人物,是翻译的主体,因而是翻译过程研究的重点。译者的作用不言而喻,没有译者就无从谈翻译。没有译者,原作仍存在。可是,如果翻译的主体——译者不存在的话,也就没有译作,没有译作也就没有译作的读者。

翻译过程中,译者不应该是"一仆二主"。译者应该有相对的独立性和主观能动性。胡庚申在研究了译者主体后进一步认为应该确立"译者中心论"。他说:"这里提出以'译者为中心',目的就是突出译者在翻译过程中的这种中心地位和主导作用,并力图从以译者为中心的视角对翻译活动做出新的描述和解释,从而形成一个以译者为'中心'的翻译观。"胡庚申还认为,在强调译者中心的同时,不能忽略作者、读者的重要性。另外,查明建和田雨从译者文化地位的边缘化角度论证了译者的主体性。译者对原作和原作者的理解决定译作的命运,而译作的命运又直接和译作读者密切联系,好的译作必定受到读者的欢迎。换言之,好的译作主要来自好的译者,原作再好,没有译者的再创作,就不能对译入语读者发挥其功效。查明建和田雨两位学者对译者主体性做了这样的描述:"综合以上分析,我们可以尝试为'译者主体性'做这样一个界定:译者主体性是指作为翻译主体的译者在尊重翻译对象的前提下,为实现翻译目的而在翻译活动中表现出的主观能动性,其基本特征是翻译主体自觉的文化意识、人文品格和文化、审美再创造性。"

5. 译者的忠诚

译者一直扮演着吃力不讨好的角色。他不像作者,尽自己之所能将要说的话通过语言艺术表达出来,译者面对的是作者的原作。传统的翻译观认为,译者首先必须对作者忠诚,换言之,必须对原作者负责,原作者说一,译者不能说二,否则译者就会被认为对作者不忠。此外,译者还要对读者忠诚。译者必须将原作的内容用译入语完整地呈现给读者,如有疏漏,就被认为既对作者也对读者不忠诚。

　　事实上,对翻译一部长篇大论的译者来说,很难做到"忠孝两全"。译者不可能百分之百地忠实于原作者,因为创作译作就像复制一尊雕塑品,译者用另外一种材料(另一种语言)塑造出原雕塑品,在再创造的过程中,总会有被遗漏的东西。另一方面,由于译者不可能做到对作者百分之百地忠诚,译者也就没有做到对读者的真正忠诚,因为译者被认为没有将原作者的全部创作意图转达给读者。

　　此外,译者的翻译是再创作,既然是再创作,译作中就可能有自己的创作成分,尽管译者的再创作是基于原作,但由于源语与译入语之间有许多制约因素,如由于文化隔阂而造成的不可译性,这样就造成了译者的所谓不忠诚。再者,原作中(尤其是科技和国际商务文本中)存在一些问题,为了在译文中正确地传译出原作的真正含义,"译者可能要增加有限的注释甚至译者个人见解以补原著的不慎或不足"。这样,译者似乎对作者不忠诚,但这样做正是为了对读者忠诚。

　　有人认为,译者是奴仆,他必须忠诚于两个主人:作者和读者。但是,译者不应该扮演奴仆的角色。译者与作者和读者是平等的关系。我们可以说,译者是作者和读者的好朋友,因为译者将作者的作品翻译介绍给读者是两全其美的事,是给作者和读者帮了大忙,因为译者将作者的作品介绍给读者是帮助作者扩大他的作品的影响。事实上,译者是在为作者宣传、推广他的作品。另一方面,译者给读者也帮了忙,因为对读者来说,让他们能通过阅读译作来欣赏原作或通过原作获得知识或愉悦感。

　　如前所述,译者还被认为是"叛逆者",我们认为,译者在其译作中多少会有自己对原作的理解,或说是对作者意图的阐释,在文学作品的翻译中更是如此。"译者对原文作者'本意'求索的结果正确与否,通常是无法得到原文作者的亲自鉴定或认可的,像法译本《浮士德》竟能得到原作者歌德本人的赞叹,并被认为'比德文本原文还要好',这可说是古今中外翻译史上绝无仅有的佳话。"不管是译者对原作的"本意"的理解是否准确,还是译者的译作比原作更好,有人认为这是对作者的不忠,因为从翻译的实质上来看,译作不能超越原作。但是,就创作而言,翻译的忠诚主要在于将原作者的真正意图阐释清楚。原作者在创作原作时与译者在翻译原作时,从空间和时间都发生了变化,甚至是巨大的变化。如果要求译者不折不扣地彻底理解原作者赋予其作品的意义,那是不现实的。译者的忠诚主要反映在译者对原作思想的把握上,而不是在形式上的雷同。

(三)读者

读者的作用在以往的翻译研究中没有得到足够的重视。过去我们总是将翻译的中心放在对译者、原作者以及译作的研究上。然而,没有读者,翻译的目的就没有达到。没有读者的译作犹如锁在仓库中没有进入流通市场的产品。所以,翻译研究不能不重视读者。"翻译过程中译作与读者的关系颇为重要,因为任何译品总是要有人阅读才可能产生影响,发挥作用,它直接关系到翻译功能的完成及翻译目的的实现。"狭义的读者指译作的读者。广义的读者包括原作的读者和译作的读者。此外,读者还包括译者,因为译者翻译必须阅读原作。在国外,读者曾经引起人们的关注。从西方翻译的早期开始,西塞罗(Cicero)等人就注意到了这种关系(译作和读者的关系)。西塞罗曾指出,译者在翻译中应像演说家那样,使用符合古罗马语言习惯的语言来表达外来作品的内容,以吸引和打动读者。

翻译的目的是让人阅读译作。翻译家在翻译时,心中必须想到读者,换言之,译者要时刻记住为谁而译。著名翻译家奈达强调原作读者与译作读者的反应对等。尽管我们通常不容易了解到原作读者对原作的反应与译作读者对译作的反应是否对等,但是,在翻译研究中将读者纳入研究对象无疑是十分有意义的。

"当代英国翻译理论家萨瓦里（Savory）就提出"读者分析法"，他指出，要获得圆满的翻译效果，必须根据不同读者的要求，提供不同性质和风格的译文。萨瓦里将读者放在十分重要的位置，他认为翻译为读者服务。

奈达从社会语言学和语言交际功能的观点出发，强调翻译应该以读者接受为中心任务。对奈达的翻译理论观点人们虽然有些争议，但是翻译中读者的重要地位是毋庸置疑的。出现于 20 世纪 60 年代末期、鼎盛于 20 世纪 70 年代至 80 年代并且时至今日仍具有广泛影响力的接受理论特别看重读者的作用。"创作或作品只有在阅读欣赏中才能成立"，而翻译作品同样只有通过阅读才能成立。虽然接受理论强调的是创作中读者的作用，但对翻译也同样适用，译作若离开了读者，就失去了存在的意义。可见，读者是翻译研究中不可忽略的对象之一。

（四）批评者

批评者指翻译批评者。翻译研究应该将翻译批评者纳入研究对象。翻译批评在翻译理论和实践中是个重要的、起连接作用的中间环节，由此翻译批评者就是翻译理论与实践之间起承前启后中间作用的一方。翻译批评者对翻译理论与实践有所关照，通过对翻译批评者的研究我们可以加深对翻译理论与实践的认识，同时使得翻译批评工作在翻译学科中的功能和重要性得到进一步的澄清，并理清翻译批评和翻译理论与实践的关系。而这一切活动离不开对翻译批评的主体——翻译批评者的研究。

翻译批评者站在翻译理论的高度对译作做全方位评论，翻译批评者的工作质量直接影响翻译理论与实践。所以，对翻译批评者的具体工作性质、思维、批评标准的选择与把握以及工作态度等有必要进行深入的研究。翻译批评是翻译学中一个重要组成部分，讨论翻译理论与实践必定需要对翻译批评者进行研究。

第二节　翻译的分类与过程

除了翻译的界定,对翻译的分类与过程的研究也是当今翻译学界研究和探讨的中心话题。只有明确了翻译的分类与过程,译者才能够在具体的翻译实践中有理可寻。

一、翻译的分类

(一)根据译文种类划分

根据译文的种类,翻译可以划分为五大类。

(1)全译,即逐词逐句对原作进行翻译,是最常见的翻译种类。

(2)摘译,即从出版部分、编辑人员、读者的要求出发,对原作的一部分进行翻译,其往往在一些报纸杂志中比较适用。

(3)参译,即参考翻译,是一种自由的、特殊的翻译品种,可以是全译,也可以是摘译或者编译。

(4)编译,即对一篇原文或者几篇原文的内容进行串联的翻译,是一种特殊的翻译形式,其可以将原作松散的内容进行整合,还可以将多篇原作内容进行串联,对译文进行丰富。

(5)写译,即译者将翻译作为主体的写作,是比编译更为宽松、自由的翻译形式。

(二)根据翻译工作主体划分

根据翻译工作的主体,可以将翻译划分为如下两类。

(1)人工翻译,即传统的以译者作为主体的翻译形式,往往从多人到一人。

(2)机器翻译,即 20 世纪 70 年代后出现的将翻译机器作为主体的翻译形式,往往从简单到智能型。

需要指出的是,机器翻译比较快,不怕重复,也不需要休息,但是它也存在着不足之处,即往往比较机械,离不开人,往往还需要译者进行核对、润色与定稿。因此,要想翻译准确,机器翻译也需要人工翻译的配合。

(三)根据翻译原作种类划分

根据翻译原作种类,可以将翻译划分为如下三种。

(1)一般语言材料翻译,即日常使用的语言,其包含一般报刊翻译与各类应用文翻译。这类翻译往往包含四个特点。

其一,杂,即内容上包罗万象,不仅有趣味的新闻,还有科普类文章,更有生活常识类文章等。

其二,浅,即语言上比较容易理解,不像文学作品那么深奥,也不像专业翻译那么专业化。

其三,活,即与一般科技类文章相比,行文上比较活泼。

其四,新,即语言上比较现代化,添加了很多新词、新语。

因此,在翻译此类文本时,译者需要对"忠顺"的矛盾加以灵活处理,采用各种方法,对译文进行加工与修饰,追求行文的传神与活泼。

(2)文学翻译,其要比一般语言材料的翻译较为困难,这是因为其具有如下几个特点。

其一,长,即跨度时间都比较长,因此要求译者具有扎实的基本功。

其二,突,即翻译时要凸显"忠顺"。

其三,高,即要求译者具有较高的译语基本功,尤其是对世界名著展开翻译时,要求的译语基本功更高。

其四,雅,即要求翻译时要雅,具有文学味道与作品气质。

其五,创,即要求翻译时译者要发挥自身的创造性,这一点要比其他两种翻译要求更多,因为文学翻译对传神达意的要求更高。

因此,在进行文学翻译时,译者需要对"忠顺"的矛盾进行灵活把握,解决二者的矛盾时需要考虑原作的特色、译作的目的以及译作的环境。

(3)专业翻译,即包含科技资料、商务信函等在内的各种文本的翻译,这里仅就科技翻译来说明其特点。

其一,专业,即涉及大量的专业词汇与表达。

其二,重大,即具有重大的责任,因为如果其误译的话,可能会造成严重的后果。

其三,枯燥,这是其特殊性,因为其涉及的词汇、表达等有时非常枯燥无味、晦涩难懂。

(四)根据等值程度划分

根据等值程度,可以将翻译划分为如下四种。

(1)完全等值,即1∶1的等值,是对于一种原文的,虽然译法有一种或者几种,但是效果需要与原作保持基本一致。

(2)部分等值,即1∶几或者几∶1的等值,其源自两种,一种是对某一原作,有几种译文;二是对于多种原作,仅有一种译文。无论是哪种,其都未达到完全等值,仅仅是部分等值。

(3)假性不等值,即是前面的完全等值或者部分等值。这种现象也非常常见。对于原作中的某个词、句子等,有时候译文初看与原作不等值,但是译语中明明有完全等值的表达,译者就是不采用。这是为什么呢?因为译者如果采用了完全等值的表达,其在实际中的效果就不能实现等值,虽然它们在措辞上似乎是不等值的,但是在实际效果上是等值的。

(4)不等值,即1∶0或者0∶1的等值。

二、翻译的过程

在翻译过程中,要对原作进行正确的理解并创造性地用译语进行再现,需要有如下几个步骤。

（一）准备

翻译工作非常复杂，因此进行适当的准备是非常重要的。在翻译之前，译者通过准备，可以保证自身的翻译工作顺利进行。当然，准备工作也包含很多，尤其要查询与之相关的资料，这样便于译者对原作有基本的了解。当然，译者还需要记住相关的工具书或辞典。具体来说，主要包含如下几个层面。

1.了解作者的基本情况

在翻译之前，译者需要对原作作者的生平、时代、社会背景、写作风格等有基本的把握。对于这些信息，译者可以从多个途径获得，如百科全书、网络、自传等。

2.了解作者的创作手法

在开展翻译之前，译者至少要阅读作者的两部著作，从中了解作者的写作风格、创作手法以及基本的思想取向等，尤其是作者的经典代表作，这样可以从中找到与所要翻译作品的某些相似之处，也可以使他们更深刻地理解所翻译的作品。

3.了解作者的语言风格

作者的语言风格非常重要，译者可以抽取某些段落，分析其中的行文与修辞特点，对作者的写作特殊之处有初步的接触，从而为之后的深刻剖析奠定基础。

4.准备工具书

译者在进行翻译时，需要借助工具书，常见的工具书有百科全书、双语词典等，如 *The Shorter Oxford English Dictionary*，*Longman Dictionary of Contemporary English* 等。

（二）理解

所谓理解，即通过将事物间的联系进行揭露，并对新事物进行认知的过程。从字面意义上说,理解就是了解、懂、清楚的含义。但是从翻译的角度来说,理解就是译者在对原作进行了解的基础上,运用英汉两种语言的词汇、语法、修辞等知识,对原作的内容与风格进行明确的意思。一般来说,翻译中的理解可以从如下几点考虑。

1.理解原作语言现象

所谓理解原作语言现象,即通过对原作语言现象的理解,来明确原作的具体内容。这是因为,一篇文章的思想、内容往往是通过语言形式来展现的,如果译者弄懂了语言形式,那么其隐藏在语言形式下的思想、内容也就明确了。例如:

The young woman move a pace or two and the scent of his honest heat afflicted Steven's nostrils.

译文 1:这名年轻的妇女向前走了两步,一股子热汗的味道冲进了斯蒂文的鼻孔里面。

译文 2:这名年轻的妇女向前走近了一两步,她那毫无掩饰的怒气冲着斯蒂文扑面而来。

就原文来说,heat 一般会理解为"热汗",但其还指代"激动"或"怒气",如果翻译成"热汗",honest 这一修饰语就无法让人理解,因此改成"怒气"更为恰当。

The custom had its spring in another country.

译文 1:这种风俗在其他国家也有它的春天。

译文 2:这种风俗源自其他国家。

一般情况下,spring 的含义为"春天",但是如果组成 have its spring,其含义则为"源自;起源于……",因此译文 2 的理解更为准确。

2.理解原作逻辑关系

译者在进行翻译时,往往会遇到句子理解层面的问题,这就是所谓的逻辑问题。由于很多原作都非常复杂,逻辑关系也多变,要想准确理解难度非常大,因此译者需要对原作进行深层次分析,有时候甚至需要根据上下文来判断,通过上下文的推敲以及实际情况来辨别。对逻辑关系理解好,才能帮助人们理解根据原作语法关系不能够理解的地方,或者译作中译者容易出错的地方。例如:

As it happens, a razor that is safe in Europe is unlikely to electrocute Americans.

译文1:碰巧,在欧洲运用安全的剃须刀不太可能让美国人触电死亡。

译文2:事实上,在欧洲运用安全的剃须刀不太可能使美国人触电死亡。

一般情况下,as it happens 解释为"碰巧、偶然",但是这样在译文1中读起来并不顺畅,而其还可以理解为"事实上、实际上",这样翻译出来更为准确。

To transplant her to a Beat town, to keep, in some little flat or rooms, one who belonged so wholly to nature the poet in her shrank from it.

译文1:把她弄到大城市中,在一套或者几间房子里安置一位大自然的人,她虽然具有诗人的气质,却不敢这样设想。

译文2:把她调到大城市中,居住在狭小的公寓里面,像她这样一位完全属于大自然的人,尤其是一位诗人,她宁愿不去。

将原作中的 transplant her 翻译成"把她弄到"是很不文雅的,翻译为"调到"更为恰当。同时,英语中有很多从句,且原作使用了长的定语从句,将其分开翻译更符合汉语的表达习惯。而 shrink from 应理解为"不愿意做某事",因此翻译为"不愿意去"大城市生活显得更为符合她诗人的气质。

3. 理解原作风格色彩

在对原作进行理解时,还需要重视原作的风格色彩,其一般在语言形式中有明确的表现。例如:

Quite clearly, the third world has changed much since the 1950s and their old cliché-ridden image of the period can hardly apply to them now.

译文 1：很显然，20 世纪 50 年代以来的第三世界发生了巨大变化；第三世界国家当年那种陈腐不堪的旧形象与他们的现实情况已经难以对上号了。

译文 2：很显然，20 世纪 50 年代以来的第三世界发生了巨大变化；第三世界国家当年那种陈腐不堪的旧形象与他们现实的情况不可同日而语了。

显然，译文 1 翻译的 hardly apply to them now 为"难以对上号了"，过于口语化，显然原作为一篇公文体，因此从原作风格色彩来理解的话，翻译为"不可同日而语"更为恰当。

There you are the dog in the manger! You won't let him discuss you affairs, and you are annoyed when he talks about his own.

译文 1：你狗占马槽！你不让他谈论你的事情，可是他讲述他自己的事情你又气恼了。

译文 2：你不干还不让别人干！你不让他谈论你的事情，可是他讲述他自己的事情你又气恼了。

原作中的 the dog in the manger 翻译为"狗占马槽"似乎非常不合适，而翻译为"你不干还不让别人干"更为恰当，这样不仅保留了原作的风格，还使译作更为传真。

综上所述，要想搞好翻译，必须提升对原作语言形象、逻辑关系、风格色彩的理解，这样才能避免出现错误。

（三）表达

所谓表达，即用译文语言将原作思想、风格等准确地再现出来。这一阶段似乎与上一阶段的理解画不出恰当的分界线。在理解之中，表达也是存在的，而通过表达，也加深了译者对原作的理解。也就是说，表达是理解的基础，而表达得是否完美，取决于译者理解的深度。但是,理解的深浅,也决定了译者采用的表达手段的多少。

表达是综合因素与艺术因素二者的结合,因此表达具有较高的创造性,译者在进行翻译实践中,一定要从原作中跳出,摆脱原作的形式束缚,要发挥出译语的长处,将对原作的表层与深层意义的理解确切地表达出来,将原作化成一个整体来再现。例如:

Tall, thin, elegant, with the air of thoroughbred, he stuck Mr. Pearson as a curious mixture of a condottiere and Machiavelli.

译文1:他身材修长、温文尔雅、风度翩翩。皮尔逊先生从他身上得到的印象是:他是雇佣兵和马其雅维里的奇妙的混合物。

译文2:他身材修长、温文尔雅、风度翩翩。皮尔逊先生从他身上得到的印象是:此人居然集雇佣兵与权谋术士的特点于一身。

对 Machiavelli 进行分析可知,其是意大利著名的历史学家兼政治家。其为了实现政治目的,不择手段。汉语读者理解"马其雅维里"是非常困难的,而翻译为"权谋术士"更容易理解。

All that evening this thought kept coming back; but, as is not unusual, each time with less poignancy, till it seemed almost a matter of course to be a scoundrel.

译文1:那天晚上,他翻来覆去想这个问题:但是,正如同正常情况下那样,强烈的程度逐渐减低,末了,坏蛋几乎是做定了。

译文2:那天晚上,这种想法不断地涌现在他的脑海里,但是,和往常一样,每次这样想时痛悔的感觉会愈来愈淡,直到最后似乎觉得做坏蛋也是理所当然的了。

原作中的 poignancy 理解为"强烈的程度逐渐减低"很难让人理解,而翻译为"遗憾的、伤心的"更容易让读者理解,读起来也更通顺。

（四）修改、审校

所谓修改,即对译作进行加工润色与修正。其包含两个层面:一是对译文进行全面的修正;二是对译文词句进行修正,可以划分为两步。

(1)与原作对照,逐句逐段修改,具体展开如下。

其一,确定原作思想、内容是否准确传达。

其二,确定有无错译、漏译等情况。

其三,确定译文是否通顺。

其四,确定译文的风格色彩是否与原作相符。

(2)脱离原作之后,对译文进行反复的阅读,如有错误,进行修改,具体展开如下。

其一,译文用词是否规范、恰当。

其二,上下文是否衔接恰当。

其三,译文前后是否矛盾与重复。

其四,译文是否存在逻辑不通的情况。

所谓审校,是最后一个步骤,是对译文做最后查验,具体展开如下。

(1)审校译文的词汇、句子、段落是否存在错漏的地方。

(2)审校译文中的方位、人名、地名、数字等情况是否存在错漏的地方。

(3)审校译文中的术语是否存在不一致的地方。

(4)审校译文中的标点是否有错误的地方。

(5)审校译文中注释是否有不妥当的地方。

第三节 翻译对译者的素质要求

当前,从事翻译工作的人有很多,但是到底有多少人真正地懂得翻译,这还是一个未知数。在翻译中往往会出现以下八种错误。

第一,拼写错误。

第二,遗漏错误。

第三,语法错误。

第四,表达错误。

第五,中式英语。

第六,用词不当。

第七,语句累赘。

第八,文化误译。

之所以出现这些错误,主要归结于两大层面,一是中西文化差异的存在,二是译者自身的原因。因此,本节就来分析译者应具备的素质,以更好地提升译作水平。

一、译者能够对双语能力进行掌控

双语能力,即对母语与目的语两种语言的掌握能力,这是译者开展翻译工作首先需要具备的条件。也就是说,并不是说一个人懂英语,就能说他一定可以做翻译工作。译者进行翻译的第一步就是:必须从原作中对作者加以理解,从作者写作时的文化背景出发对作者意图加以把握,对自我进行克制,做到忠实,这样才能完成翻译。

同时,对于读者来说,译作是一个再创作的输出产品,如果译者的汉语知识不扎实,很难将源语的艺术效果表达出来。郭沫若指出,"好的翻译等同于创作",这也恰好说出了翻译的关键。

这就是说,译者需要在两种语言中进行穿梭,把握两种语言的转换,这样才能避免错译、误译。

二、译者需要对译文恰当权衡

文本不同,特点也不同,因此译者需要对原作的用词、表现手法进行斟酌,不能所有文本都使用一种翻译手法。

例如,如果译者翻译的是一个旅游文本,就需要考虑该文本的信息,不能拘泥于汉语词句,要从旅游文本的特点出发,对译作进行增补与改译。同时,还需要考虑目的语读者的接受情况,避免误解的发生。如果译者翻译的是一个法律合同文本,那么就需要考虑法律文本的严肃性与权威性,严格按照法律文本的格式,保证规范、准确。一般来说,合同往往会以 … made and signed by and between … 等开头。因此,这些都需要译者长期的积累。

三、译者需要具有责任心

作为译者,责任心是最重要的一项素质,除去文化差异与理解的失误,很多错误都是由于译者责任心不强导致的。很多时候,译者为了追求速度,往往想当然地使用一些词汇,没有考虑上下文,很容易产生误译。

因此,译者在进行翻译时应该端正自身的态度,加强责任心,这样可以避免某些错误的产生。特别是当涉及异域文化,有些俚语不熟悉时,如果不去追根究底,那么很容易出现错误。这在外宣翻译中显得非常重要,因此需要多加注意。

四、译者需要"一专多能"

很多人接触翻译之后,发现很多知识都是欠缺的,如很难读懂法律、科技、经贸类文本。因此,译者仅具备扎实的英语基本功是不够的,还需要具有专业性,这样才能在接触五花八门的材料时不犯愁。

第二章　翻译理论研究

翻译理论的丰富与发展为翻译活动奠定了坚实的理论基础。但是,一方面是各种理论纵横交织,另一方面对有些问题人们各抒己见,往往难以统一认识。那么中西方翻译研究的发展轨迹如何呢？本章将分别展开讨论。

第一节　西方翻译理论的发展

一、传统翻译理论的发展

(一)西塞罗的翻译论

古罗马著名哲学家、政治家以及翻译理论家西塞罗(Cicero)对翻译理论的发展做出了巨大贡献。很多古希腊的专著都是由西塞罗翻译的,因为西塞罗精通各种学科,不论是政治、哲学还是文学,他都颇有建树。正是因为西塞罗参与过各种类型的翻译实践,使得他积累了大量翻译经验并且总结出了不少翻译理论,在翻译学界有着较高的地位。

西塞罗的翻译理论集中体现在其著作《论善与恶之定义》和《论最优秀的演说家》中。尽管两本著作并没有专门探讨翻译问题,但其中的不少观点被后来的翻译工作者所认同和借鉴。例如,在《论善与恶之定义》一书中,西塞罗倡导要采用灵活的翻译技巧,在选词时要保证其与译语读者的语言相符,以便可以感动译语读者;在《论最优秀的演说家》中,西塞罗对直译与意译两种方法进行了区别,这也成了西方翻译理论起源的标志性语言。

总之,西方翻译史上首位理论家就是西塞罗,他提出的两种翻译方法恰巧解释了翻译形式与内容的关系、译作与原作的关系等,这些均对西方翻译理论的发展产生了不小的影响,也对之后的翻译工作者带来了一定启示。

(二)泰特勒的"三原则"

英国翻译家泰特勒(Tytler)对翻译理论的贡献主要体现在其提出的翻译"三原则"上,具体见其著作《论翻译原则》。泰特勒的翻译"三原则"分别为:译者应传达出原作的思想;译文的风格和笔调在性质上应与原作保持一致;译文要有流畅性。当然,这里的"三原则"是总体概述,其还包含若干细则,这里不再赘述。

此外,泰特勒特别强调,要确保忠实于原作,必然要改变其风格和笔调,但决不可让译文偏离原文的思想。

需要指出的是,泰特勒的翻译"三原则"是有层次性的,即其中的第一条是最主要的原则。

(三)马丁·路德的翻译论

德国辩论家、社会学家和翻译家马丁·路德(Martin Luther)对翻译理论的发展也产生了较大影响。概括来说,马丁·路德的翻译理论体现在如下五个方面。

其一,翻译应该听取广泛的意见。

其二,翻译时应将语法知识与意义联系起来。

其三,翻译应保证译文语言的大众化,使大多数读者都能看懂。

其四,翻译过程中应始终将源语放在首位,尽量用意译的手段使译语读者能够读懂译文。

其五,翻译还要坚持如下七个具体细则:可以更改原文的词序;合理利用语气助词;可以适当增补连词;可以省略在译文中无法找到对等形式的原文词语；可以使用词组翻译个别词；可以运用非比喻用法翻译比喻用法，反之也可；对文字的变异形式和解释的准确与否应多加注意。①

（四）洪堡的翻译论

德国教育改革者、语言学家及外交官洪堡（Humboldt）对西方翻译理论研究也做出了相当大的贡献。

洪堡从历史哲学和语言哲学的角度出发，提出人性发展是极其重要的。因此，他特别推崇教育教学中的自由理论。他还认为语言与思维、精神等密切相关，语言决定思想文化。

洪堡将这一哲学理论应用到翻译研究中，认为可译性与不可译性之间是辩证的关系。尽管不同语言之间存在着明显的差异，这些差异给翻译带来了较大障碍，但是不同语言之间的翻译也是有可能的，并且翻译对于传播和丰富民族文化也有重要作用。

对于翻译的原则，洪堡认为应该首先保证忠实，但这里的忠实主要针对的是对原文特点的忠实。

二、近现代翻译理论的发展

（一）雅各布逊的"等值翻译论"

俄罗斯著名语言学家雅各布逊（Roman Jakobson）的翻译理论思想集中体现在《论翻译的语言学问题》一文中。这篇文章主要对语言与翻译的关系、翻译的意义与问题等进行了分析和探讨，具体体现在如下几个方面。

其一，本文从语言符号的角度看待翻译问题。基于符号学理论，雅各布逊提出只有理解了意义，人们才能理解词语。雅各布逊认为，词的意义与符号有着紧密的关系。因此，翻译是将一种

---

① 高华丽.中外翻译简史[M].杭州:浙江大学出版社,2009:222.

语言符号的意义转化成另一种语言符号的意义。

其二,本文从语言符号的角度对翻译进行分类。基于符号学理论,翻译可以分为三种:语内翻译、语际翻译和符际翻译。其中,语内翻译针对的是同一种语言,运用一些语言符号解释另一些语言符号;语际翻译针对的则是两种语言,运用一种语言符号解释另一种语言符号;符际翻译是运用非语言符号系统解释语言符号,或者反过来。

其三,本文强调信息等值是保证翻译确切的根本。雅各布逊认为,翻译活动涉及的是两种语言的对等信息。对于语内翻译来说,翻译是一种语符单位替代另一种语符单位,翻译某一个单词可以采用两种方式:一是使用同义词,二是使用迂回表示法。但是,同义词并不完全对等。对于语际翻译来说,符号与符号可能不完全对等,其要用一种语言的语符替代更大一级的单位。可见,翻译涉及信息与价值两个层面。

其四,本书特别注重语言的共性,从中我们也能体会出作者对语言共性论的坚持,即所有语言均有等同的表达能力。当遇到语言有词汇空缺的现象时,译者可以采用多种方式对其进行扩展与修饰,如语义转移法、借词法等。当译入语中不存在某些语法范畴时,译者可以借用其他词汇形式对意义加以传递。

(二)彼得·纽马克的"关联翻译论"

英国著名翻译理论家彼得·纽马克(Peter Newmark)是对近现代翻译理论发展做出贡献的杰出代表。在奈达(Nida)等翻译理论家的影响下,彼得·纽马克将现代语言学的研究成果、跨文化交际理论运用到翻译研究中,形成了新的翻译观。

彼得·纽马克的翻译理论研究主要集中在《翻译问题探索》一书中,书中提出了两个理论:语义翻译与交际翻译。语义翻译即译者受译入语句法与语义的限制,试图将原作者的写作语境再现出来的翻译;交际翻译即译者尽可能地在译入语中将源语读者相同的感受再现出来,使译入语读者获得与源语读者相同的感受。

总体来说,语义翻译与交际翻译的区别是:前者在译入语结构允许的情况下尽可能地将源语的意义和语境再现出来;而后者尽可能地使译入语文本产生与源语文本相同的效果。两种翻译表面上毫无交集,实际上是存在某种联系的。例如,要翻译某一语篇,译者可以一部分运用语义翻译,一部分运用交际翻译。也就是说,语义翻译与交际翻译是可以相互补充的,二者相辅相成。

可见,彼得·纽马克翻译理论的核心内容就是语义翻译与交际翻译,这也是其翻译理论中最具特色的方面。当然,两个理论也有些缺陷,于是彼得·纽马克及时发现其存在的问题并在改进过程中提出了一个综合性概念,即"关联翻译法",这一概念的提出标志着彼得·纽马克的翻译理论的成熟和完善。

(三)巴斯奈特和韦努蒂的"文化翻译观"

近现代翻译理论的发展与完善还离不开文化学派翻译理论的代表巴斯奈特(Susan Bassnett)和韦努蒂(Venuti)。巴斯奈特认为,翻译是两种文化的交流与沟通,而要想实现翻译的等值,就是要实现两种文化的等值。韦努蒂认为,翻译的主要目的是为了能够在译语文本中展现其与源语文本的文化差异,而不是尽可能地消除异族特征。因此,译者在翻译时不能是隐身的、无形的,而应该是可见的、有形的。

(四)尼古拉斯·卢曼的"社会系统论"

德国社会学家尼古拉斯·卢曼(Nikals Luhmann)提出了著名的"社会系统理论"。尼古拉斯·卢曼认为:"社会系统是一种在封闭循环的过程中不断由沟通制造出的沟通的自我制造系统。"①

---

① 户思社.翻译学教程[M].北京:北京师范大学出版社,2011:79.

从这一观点可以看出,社会系统主要具有开放性与封闭性两个特点。这里的开放性主要侧重于外界环境,封闭性则侧重于操作。尼古拉斯·卢曼的社会系统理论中提出了三个重要的概念。

其一,自我再制系统。该系统涉及两个层面:一是一般理论层面的自我再制系统,包含自我指涉系统;二是较为具体的自我再制系统,包含生命系统、心理系统、社会系统等。而对封闭性系统的操作往往采用自我指涉的方式。

其二,复杂性系统。随着社会系统的不断发展变化,复杂性系统以多种形态呈现出来,如系统与其环境组成元素的多样性、系统与环境关系的复杂性等。

其三,沟通性系统。沟通性系统是一种社会自我选择系统,其也有一定的复杂性。只有通过沟通,社会系统内部才能实现社会自我选择。

基于尼古拉斯·卢曼的社会系统理论,英国著名翻译理论家赫曼斯(Hermans)对翻译重新进行了阐释。赫曼斯认为翻译也应该被认为是一种社会系统,这样才能增加对翻译理论研究的反思,实现翻译的自律。

第二节　中国翻译理论的发展

一、古代翻译理论的发展

(一)草创时期的翻译理论

中国的翻译活动始于东汉桓帝在位时的佛经翻译。这一时期的译者一般为僧人,如安清等。安清一生都喜欢四处游玩,公元148年到达了今天的河南洛阳。在当地学习和生活了一段时间后,他对汉语已经相当精通,之后翻译了大量经论,如数、随、止、观、还、净等。

安清一生翻译过的经典书籍大概有 35 种,共 41 卷。现在可以查阅的大概有 22 种,共 26 卷,这些书籍为后世禅修、禅学的形成和发展做出了不小贡献。安清因为精通汉语,所以其能用较为准确的语言传达出原文的意义,并且做到条理清晰,用词恰当。但是,在翻译这些经书时,安清过于注重直译,过分顺从原文的结构,使得译文出现了一些重复颠倒的问题。

(二)发展时期的翻译理论

释道安,12 岁出家,后来的很长一段时间里认真翻译佛经,努力翻译讲授《般若经》。具体来说,释道安对翻译发展的贡献如下:总结了汉朝以来流行的禅法和般若学;确立了成规;提出了僧人要以"释"为姓氏,并且得到了后世的遵行;整理了新旧译作的经典,还为其编纂了目录。

对于翻译方法,释道安主张用直译,他认为如果省略或者删除复杂的原文,那么原作的味道将会消失。在翻译佛经时,对于"文丽"和"质朴"的选择,释道安倡导大乘经应追求"文丽",戒律等应追求"质朴"。

尽管释道安对梵文起初没有过多的研究,但是在翻译《般若经》时,他开始积极学习梵文。并且,他在翻译《摩诃钵罗若波罗蜜经抄序》时,还总结了一个重要理论——"五失本、三不易",即在翻译佛经时,有五种情况容易使译文丧失原意,有三种情况很难处理。

五失本:对于词语的顺序,梵文原著与汉语正好相反,所以译文应顺从汉语语法;梵文一般较为质朴,汉文则追求华美,因此译文需进行修饰,以满足汉语读者的要求;梵文中很多都重复,译文应对其删减;梵文的结尾处常附有小结,译文最好将其删除;梵文在说完一段话,接着谈论其他话语时往往会重复前文内容,译文需要将重复部分删除。

三不易:原著所处时代与翻译时代不同,因此很难实现古代习俗与现代习俗的相适应；将古代先贤大义传达给后世读者是很难让读者理解的；释迦牟尼死后，其弟子翻译尚可比较慎重，但是由平凡人进行传译其实更不容易。

（三）全盛时期的翻译理论

佛教和佛经翻译的全盛时期是在唐代。同时，这一时期出现了诸多学派。全盛时期的佛经翻译主要呈现如下几个特点：佛经译者多是来自本国的僧人，并且对经书翻译有着很强的计划性，基本是全集翻译。玄奘是这一时期出现的著名翻译家。

由玄奘主持的译场，是一个较为健全的翻译组织，主要工作集中在参译、译注、笔受、征文等方面。因为玄奘比较精通佛理和梵文，并且有着很好的文笔，所以翻译时总能出口成章，只需用文字记录下来即可。

"达意"是玄奘翻译佛经时遵循的一个准则，他特别擅长将义理融于文字中。也就是说，玄奘可以运用一家的言论贯穿起整个文本，并对先前较为晦涩的文本进行重译。这一特点从他翻译的两本书籍就可以体会到：《集论》和《俱舍论》。玄奘在翻译这两种著文时主要运用了补充法、变位法、省略法、假借法、分合法等方法。在当时，玄奘的翻译作品质量都比较高，而且运用的方法也较为灵活，其注重内容与形式的统一，这也被后来的很多翻译家所借鉴。

在翻译佛经时，玄奘的态度极其认真，为了保证翻译技巧的整体性，他提出了"五不翻"的翻译原则。"五不翻"的原则对我国翻译事业的发展做出了巨大贡献，对于后来的翻译实践也有着重要的指导意义。

（四）结束时期的翻译理论

佛经翻译理论发展的最后一个时期是宋朝。赞宁是宋朝初期的千年佛经翻译的总结者。

赞宁是一代高僧，其一生完成了很多著作，其中的《译经篇》

是有关翻译的论著,其系统地阐述了翻译的性质、定义及技巧,他对前人的观点做了简单回顾,并给出了自己的观点。

对于翻译的性质和定义,赞宁认为翻译是对原文的一种改变。赞宁对翻译文本做了比喻,将其比喻成绣花的图案,而原文与译文正好是该图案的两面,即二者有着相同的内容,只是正反"花"不同而已。

对于翻译的方法,赞宁在《译经篇》一书中提出了"六例说",即"今立新意,成六例焉。谓译字译音为一例,胡语梵言为一例,重译直译为一例,粗言细语为一例,华言雅俗为一例,直语密语为一例也。"

二、近现代翻译理论的发展

(一)严复的"信达雅"

中国近代对后世影响最大的翻译家就是严复。严复对于翻译理论发展的贡献在于两个方面:精心选择书籍;明确翻译标准。在《天演论·译例言》一书中,严复提出了"译事三难,信、达、雅"。这就是"信、达、雅"的翻译标准,他指出这三个标准是不可分割的整体。

其一,翻译要以"信"为基础和前提。"信"是指翻译要忠实于原文。因为翻译是在对原文理解的基础上,运用另一种语言再现源语的信息,所以贯穿源语与译语之间的桥梁是翻译。要保证译语的"信",译者必须清楚源语的风格、思想、韵味、感情等,让译语在这些层面均可以与源语对等。另外,源语有时蕴含着一些深层含义,译者就有责任将这些深层含义再现给读者,也就是深层次的"信"。

其二,翻译应该以"达"为目的。"达"即译者应该将源语中的内容与思想传达出来。翻译是用最贴近、最自然的语言将源语的意义和风格呈现出来。但是,因为中西方在风俗习惯、历史传统、文化背景等方面均存在差异,并且使用不同的语言文字,所以译者应该通过调整原作的形式,运用译语读者可以理解的形式和语言传达出来,避免语言的晦涩。这里的调整就是"达"的基本内容。

其三,翻译应以"雅"为修饰。"雅"与"信""达"有着紧密的联系,即要运用恰当、精美的词句修饰译文的语言。可见,"雅"是为了传达比与词句对等更高层次的东西,即要将源语中作者的心智特点及其作品的精神风貌传达出来。

(二)郭沫若的"翻译创作论"

郭沫若在翻译理论上也颇有建树,特别是他对海涅、泰戈尔等诗人的诗歌的翻译。

在郭沫若看来,"好的翻译等于创作,甚至可以超过创作。"他认为,翻译是一项艰苦但很重要的工作。也可以说,翻译并不是一件平庸的事情。比起创作,翻译不但要感悟作者的生活,还要超越作者的生活体验,而创作往往只需要作者有足够的生活体验即可。另外,译者不仅需要对作者的语言很了解,而且要了解译语国家的语言,这是一部作品的作者很难做到的。

(三)林语堂的"翻译美学论"

在文学翻译方面,林语堂有着很高的造诣。林语堂通晓东西方文化,这就为其文学翻译奠定了坚实的基础。

在《翻译论》一书中,林语堂提出了翻译的标准问题,即忠实、通顺、美,这三个方面表面上与严复的"信、达、雅"类似,但也存在自身特点。

其一,忠实,即译者要对原文负三个责任——非字译、须传神、非绝对。其中的"非字译"是因为受语境的影响,字的意义也会发生改变,所以翻译时译者需要对源语字字理解,但不需要字字翻译;"须传神"即要求译者不但要传达源语的意义,而且要传达源语的感情;"非绝对"即绝对的忠实是不存在的,因为文字有意义美、声音美和情感美等,译者不可能将这些所有的美翻译出来。

其二,通顺,即译者对译入语读者的责任,是忠实的内在要求。林语堂认为翻译过程中在确保译文通顺的基础上,译者不但要准确体会源语的句意,并进行吸收,将其体现在译入语中;而且要按照本国的心理表达出来。

其三,美,主要是从艺术层面上说的。林语堂指出,翻译应该成为美学的一种,理想的翻译家要用艺术的心理对待翻译工作,即以对待艺术的谨慎态度来翻译。概括来说,就是要求译者不仅要达意,而且要传神。

(四)朱光潜的“哲学翻译论”

著名翻译家朱光潜提出了“哲学翻译论”。他的一生热衷于翻译工作,特别是对马克思经典著作、西方文艺理论家的代表作等翻译较多。因此,他成了沟通中西方文化的先驱者。

朱光潜主要从哲学的角度论述了翻译的相关问题,其对中国翻译理论发展有着重要作用。朱光潜用“两分法”的思想探讨严复的“信、达、雅”问题,指出应该将“信”居于首位,但他认为绝对的“信”是不存在的,只能保证对原文整体的“信”。

朱光潜很反对对直译与意译的区分,他认为理想的翻译应该是“文从字顺”的直译,即用恰当妥帖的词汇、通顺的语句表达源语作者的思想。与此同时,朱光潜指出翻译具有创造性,如果要翻译一部诗歌,那么译者本人也应该是一位文学家。

第三节 中国翻译学及翻译伦理学构建

一、中国翻译学

由中国翻译理论的诸多成果可以看出,我国的翻译研究已经成了一门独立的学科。尽管这一过程仅仅经过了数十年,但是从最初的尝试,到中间的坚定,再到最后学科的成立,呈现了中国翻译研究的发展历程。

1951年,学者董秋斯首次提出要建立"翻译学"这门学科,但从当时的翻译研究现状看显然无法适应学科发展的需求。因此,这一提议逐渐也被搁置了。

进入20世纪80年代,"翻译学"在很大程度上等同于"翻译研究的科学性",这种"科学性"显然是针对传统翻译理论研究的"艺术性"来说的,这也正是整个八九十年代中国翻译研究所强调的重点。在20世纪80年代,"翻译""翻译学""翻译研究的科学性"之间并没有明确的区分。这从一些文章中就能看出,如谭载喜在《翻译是一门科学——评介奈达著〈翻译科学探索〉》(1982)一文中,明确指出"翻译是一门科学",这里说的就是翻译研究的科学性。显然,谭载喜强调了翻译研究的一个层面,而并不是从翻译学这门学科建设的整体性来说的。

1995年以后,翻译学的问题受到了翻译界的广泛关注。翻译界就"翻译学"的建立问题进行了激烈的讨论。1995年,谭载喜、刘崇德等人再次提出了要建立翻译学,张南峰也提出了要"走出死胡同,建立翻译学",这些均说明当时的学者对于建立翻译学这门学科的高度热情。当然,也有一些学者提出了反对的观点。例如,劳陇发表了《丢掉幻想,联系实际——揭破"翻译(科)学"的迷梦》(1996)一文,认为翻译学的建立是一个"梦"、一个"幻想",应该予以打破。这篇文章发表后遭到了不少学者的不满和反对,支持建立翻译学的学者积极回应,指出了劳陇在翻译学认识层面上的不足,并提出了一些积极的建议。

学者张经浩在《翻译学:一个未圆且难圆的梦》一文的开篇就表明,这篇文章是为了推进翻译学建设而展开的讨论。可以说,这场讨论主要是针对劳陇的观点提出的,并且这篇文章引起了翻译界的大波动。这场激烈的讨论一直延续到2001年年底。

从1999年起,有关翻译学的文章猛增,在2000—2001年,有关翻译学的文章的发表达到了顶峰。在此期间,不少学者对张经浩的观点做出了批评,并且对翻译学未来的发展进行了展望。这就说明,很多人对于建立翻译学这一提议是充满信心的。

在这场激烈的辩论中,力量对比极为明显,即反对"梦"论的人较多,而且他们从论证的深刻性与理论性上显现出了一定的优势。例如,侯向群从学科学的理论出发,指明了张经浩对学科的误解;吕俊从范式的理论出发,揭示出张经浩理论的片面性。在各种批判声中,张经浩发表了《再谈"翻译学"之梦》一文,虽然他仍旧坚持之前的观点,但是我们不难发现其中也提出了很多翻译学建设的问题:一是对"翻译学"的空谈问题;二是对"规律性"的片面追求问题。

当然我们也要看到,语言学研究模式的系统性、科学性为翻译研究带来理性的同时,对艺术性、主体性等翻译问题很难做出更好的解释,也很难将其置于规律之中。因此,张经浩对于一些文艺学派过分追求规律性给予的批评,也不能说完全没有道理。

对于在中国建立翻译学这门学科的问题,一些否定的观点也产生了很大影响。如果没有上述两篇文章,那么关于翻译学建立的讨论也不会如此激烈。也就是说,正是这两篇文章的存在,才将翻译学的建立问题提升到研究的高度。2001 年,这场辩论基本消失,但是关于翻译学建设的问题并没有削弱。从某种意义上说,通过辩论,学者们对于翻译学建设的学科意识越来越强,并且将翻译学的学科性质等相关问题凸显了出来。

2004 年,中国第一个翻译学位点在上海外国语大学正式成立,这也是我国翻译学界的一个标志性事件。尽管这一学位点与学科本身并不等同,但其是翻译学界发展的重要标志。①

二、中国翻译伦理学的构建

在中国,翻译伦理古已有之,但未成体系,其内涵渗透在道安

---

① 户思社.翻译学教程[M].北京:北京师范大学出版社,2011:123-133.

的"五失本三不易",周桂笙的《译书交通公会试办简章序》(中国历史上第一份翻译工作者宣言)和严复"信达雅"的标准中。

21世纪伊始,翻译伦理正式进入我国译学研究范畴。下面主要根据中国翻译伦理研究发展特点与内在逻辑顺序,从翻译伦理理论(本体论)、应用翻译伦理和构建与反思三个维度对中国翻译伦理研究成果(2001—2015)进行述评。

(一)中国翻译伦理学研究综述

1.翻译伦理的理论本体研究

(1)理论探索

2001年是中国翻译伦理研究的开端。吕俊教授(2001)指出,要在解构主义翻译研究的困境中,构建的一种以交际伦理为哲学基础的翻译学。当前国内翻译学的建立缺乏哲学根基,一元论与二元论以及解构主义绝非构建之路,哈贝马斯交往理论可以作为中国翻译学建立的哲学基础,为翻译学建立提供理论准备。这为当时处在后结构主义困境,建构无路的翻译研究提供了新思路,被视为中国翻译伦理研究的开端。此后,孙宁宁(2003)指出,语言的实践性与真理性是翻译与伦理相结合进行研究的基础。伦理视角的翻译研究,为解构主义中逻辑语言对翻译标准的毁灭性消解,找到了区别于结构主义翻译研究的建构之路。翻译研究中,对哈贝马斯交往理论的引介,为我国译学学科的建立提供了可能的哲学基础,标志着我国翻译理论研究进入伦理反思阶段。

2005年,翻译伦理沉寂四年之后,《翻译伦理问题的回归——由〈译者〉特刊之〈回归到伦理问题〉出发》一文标志着国内翻译伦理研究正式起步。该文综述了 *The Translater*《回归伦理》特刊主编 Pym 在《导言》中关于翻译伦理回归的必要性和界定等内容,并从翻译本质、主体和原则三方面论述了中国翻译伦理研究的必要性。该文主要贡献在于指出当时翻译研究中用一种观点统摄翻译问题,忽视研究延续性,使得翻译命题争论进入二元对立,而翻译伦理使得研究回归翻译本身。该文是对当时译界陷入二元对立争论的警戒，是对当时中国翻译研究以观点掩盖观点的实质的重新思考。

2005—2008 年，翻译伦理研究经历了第一个高潮，研究的基本问题是"翻译伦理研究的主体"。学者们试图在国外纷繁的翻译伦理中找到线索，解答"翻译伦理研究的必要性和必然性"以及"翻译伦理是什么"两个命题。2005 年《关于展开翻译伦理研究的思考》（王大智）一文指出翻译研究应将其中心从"怎么翻译"转向对"翻译事实"的考察。这成为连接翻译和伦理的节点，表明只要有翻译活动，翻译研究就必须面对翻译伦理这一课题。

2007 年，汤箬从翻译的职业伦理和个人伦理两个层面，分析翻译伦理的理论价值和社会意义；葛林认为翻译主体间伦理应当从译者、赞助人和评论人等多重角度分析；杜玉生（2008）重点梳理了当代翻译研究三次转向的伦理思想发展轨迹与缺陷，在肯定哈贝马斯交往理论是翻译研究建构的基础上，指出翻译伦理研究应当注重差异，尊重"他者"；2009 年，王克明在《翻译与伦理学》一文中指出伦理视阈下的翻译研究，必须能够清楚界定"译什么""为何译""给谁译""怎么译"和"谁有翻译决定权"这五个翻译伦理研究维度。"翻译伦理学是什么学问？"这一问题也在该文中首次被提出，这表明在西方复杂的伦理流派和诸多翻译思想的交叉中，如果翻译伦理研究不能找到合适的定位，就会在未来的研究中迷失方向。基于该研究基础，2013 年，国内首部《翻译伦理学》（彭萍）专著出版。该书在详尽阐释西方与中国翻译伦理思潮和传统的基础上，立足中国的翻译研究现实，确立了翻译伦理学的性质和定位、内容和任务。同时，该书汲取了中国丰富的古典伦理思想，对当前中国翻译研究中存在的问题，给予一定的反思和指导意义。

（2）理论引介

国外翻译伦理始于 1984 年，至今已形成了几大主流翻译伦理流派。相应地，对国外翻译伦理理论的引介，成为中国翻译伦理理论研究的重点之一。

2005 年,中国翻译刊载的《韦努蒂的"翻译伦理"及其自我解构》一文指出:韦努蒂所提"存异伦理"是在解构的同时也进行的自我解构,是对翻译的文化与政治边界提出的诸多问题,而非给出的答案。此外,王东风(2007,2008)、贺显斌(2007)、蒋童(2008,2012)等对韦努蒂的翻译伦理的思想基础进行探析,指出韦氏理论的局限性及其对中国翻译伦理研究的借鉴意义。

2009 年,国内第一本韦氏翻译伦理研究专著《翻译伦理:韦努蒂翻译思想研究》出版,该书作者张景华从多角度发掘韦氏翻译伦理思想的来源与哲学基础,对韦氏理论做出了客观的批评和反思。该书的启示在于翻译伦理研究不仅需要构建,也需要批评,不仅需要伦理学的支撑,也需要元伦理学对翻译伦理研究进行修正。

此外,陈振东(2010)剖析了切斯特曼在《关于哲罗姆誓言之建议》一文中提及的五大翻译伦理模式;管兴忠(2012)对《安东尼·皮姆翻译思想研究》提及合作共赢的翻译伦理观进行剖析;陈喜荣 2012 年撰文对加拿大女性主义翻译理论家罗比涅荷-哈伍德在其译作《来自她者的信》中,对饱受质疑的女性翻译伦理观进行职业性与个人道德的双重分析,指出哈伍德理论思想的差异性与特殊性是女性翻译研究中"对具有普遍意义的翻译实践和理论的有效补充"(2012:110);2015 年,滕梅和张晓对诺德所提出的"忠诚原则"进行剖析;关熔珍(2007)和周华庭(2012)各自的博士论文,对斯皮瓦克"投降与爱""第三世界翻译观"等翻译伦理思想有所探讨。此外,王莉娜(2008)、刘云虹(2013)则针对目前学术界贝尔曼、韦努蒂、皮姆等人的主流的翻译伦理思想进行对比,指出不同理论的基础、适用范围和局限性,以及构建翻译伦理的研究范式和翻译批评的伦理途径。

(3)理论深入研究与理论创新

翻译伦理的多元定位和翻译伦理的构建成为理论深入研究的重点,其中之一就是翻译中"忠实与背叛"的理论。

　　2008 年,王东风以解构主义立场中"意义的不确定性"消解了传统翻译忠实论,指出"翻译作为一项社会实践活动,仍需要伦理的道德约束,而且是翻译伦理的相对服从、尽可能服从"。随后曾记(2008)、杨镇源(2010)和金英敏(2014)等人均对此有所论述,认为解构主义打破了当前翻译忠实论的二元对立,使翻译研究的视野涵盖了更为广阔的文本外因素。在此基础之上,中国社会现实中的翻译伦理的研究途径,与西方翻译伦理研究的差异(涂兵兰,2011)也引发学者思考。

　　2011 年,《列维纳斯他者思想对翻译伦理学的启示》一文以哲学视角审视"他者"思想,提出翻译的伦理优先性与可行性,认为他者思想可以弥补哈贝马斯交往理论在翻译建构中的不足,克服翻译解构主义中虚无主义和相对主义的弊端。此外,申连云(2008)从价值与人本的角度论述当代翻译研究的伦理观应尊重差异;许宏、滕梅(2011)从理论根源与研究范式两方面论述翻译伦理研究动因,认为当前翻译伦理研究是翻译研究的重要方向,但尚待深入。

　　另一方面,中国古典思想对翻译研究的启示已然形成,翻译伦理的"中华转向及中国价值"也引起学者们的注意。蔡新乐认为当前翻译研究的西方传统陷入"后现代的逻辑主义陷阱",文字游戏产生的悖论使得翻译理论研究进退两难,而孔子儒家思想的"文化天下"使得翻译在"真"的基础上持续显现(2013:11);王大智(2012)、杨镇源(2011)等人指出翻译伦理研究具有多元性与开放性,论证了"中国传统的翻译伦理"以及"中华传统思想基础上的翻译伦理构建"两个命题,并取得了一定的成果;《伦理视角下的中国传统翻译活动研究》(彭萍,2008)、《翻译与翻译伦理:基于中国传统翻译伦理思想的思考》(王大智,2012)、《翻译伦理研究》(杨镇源,2013)等三本专著,以及涂兵兰(2011,2012a,2012b)、陈东成(2014)等人的文章则归纳梳理了佛经翻译到清末时期的翻译伦理思想,阐释了从中国近现代翻译到当代全球化背景下的翻译伦理诉求,汲取《易经》的伦理内涵,揭示翻译伦理的中华思想内涵,阐释翻译伦理与政治的关系,探索当代语境下重构中国翻译伦理研究的道路。

2. 应用翻译伦理研究

翻译学的研究对象不仅包含理论研究,还有对翻译活动、翻译批评和翻译教学等诸多应用性领域的研究。杨洁、曾利沙在《论翻译伦理学研究范畴的拓展》(2010)一文中指出"要建立有效的翻译伦理体系,必须拓宽研究维度,把翻译活动所涉各方面都纳入翻译伦理学研究范畴。"

(1) 翻译主体伦理

翻译主体包括翻译产业的各种主体。其中,译者伦理是翻译伦理第二次高潮(2009—2015)中的重点。唐培(2005),孙致礼(2007),杨瑞玲(2008),张思洁、李荣贵(2008),吴志杰、王育平(2005),陈志杰、吕俊(2010),祝朝伟(2010),李庆明、刘婷婷(2011),于艳华(2011),黄明妆、黄鹋飞(2014),李彦、刘晓康(2015)等人对诺德、切斯特曼等学者所提出的译者伦理模式,翻译伦理对译者的制约论,以及译者职责等三方面进行了研究,认为译者主体性在不同层面会受到伦理制约,译者素养的核心价值在于译者的责任。杨镇源(2015)依托阳明心学,主张"澄明译者良知",在文学翻译的译者意识形态上做出反思;涂兵兰(2013)通过我国三次翻译高潮的政策变化,总结出不同时期译者伦理选择的导向标准;胡庚申(2014),汤金霞和梅阳春(2012)等学者则关注译者伦理与生态翻译的比较研究。此外,对个别译者的伦理研究也引起关注,如林语堂自译(陈丽春,2012)、卞之琳自译的再现伦理(梅阳春,2013、2014),胡适的文本与译本语言选择倾向(李红红,2013)和朱生豪译学成就的伦理(李敬科、任秀英,2013)等。

另一方面,非文学译者伦理也被划入研究范围。李民(2013)依据中韩口译者特性,提出口译员的四大伦理规范;最早的译者伦理实证研究为《非文学翻译的译者伦理之实证研究》(王恒,2013),该文通过有声思维法、访谈及译文分析了非文学翻译译者的伦理选择;项霞,郑冰寒(2015)以问卷调查的形式,对商务联络译员的自我认知和伦理意识进行了研究。这些成果均标志着译者伦理研究方法向实证化的迈进。

除了译者伦理研究,翻译行业其他主体伦理研究仅有2015年《论中国文化"走出去"战略对翻译实业的伦理诉求》(张律、胡东平)一文,该文客观地分析了当前中国文化外宣翻译行业对读者伦理、译者伦理和中间人伦理的诉求,认为这三个维度的伦理是促进翻译行业健康发展的重要保障。该文着眼于整个翻译行业,突破翻译伦理执着于文学、译者研究的桎梏,对拓宽翻译伦理研究领域具有一定的引领作用。

(2)翻译批评

翻译批评应当从伦理的角度展开(申连云、高春天,2010;刘云虹,2013)。伦理的翻译批评研究将传统的"怎么译"转向"谁来译"的人文关怀,这有助于厘清翻译中的复杂关系,建立科学的翻译批评研究体系。

文学译作批评是翻译批评伦理研究的重点。其中具有代表性的研究学者有汪珍、胡东平(2010),周文革、杨琦(2011),陈来元(2012),郝军(2013),刘一鸣(2014),胡翠娥(2015),刘嘉(2015)等。典籍也是该领域的研究主题之一。王姣、陈可培(2008),黄海翔(2011),符蓉(2014a,b)分别对《红楼梦》《孙子兵法》《道德经》等译作进行伦理批评;此外,胡东平、黄秋香(2012)从复译的行为、主体和结果阐释复译的伦理诉求;吴赟(2012)以王安忆长篇小说《长恨歌》英译为例,对中国当代文学译介的伦理进行探讨,认为在译介过程中,"充分承载文本、承载文化差异,努力寻求异质性和可读性的平衡,才能真正实现文化交流的本源宗旨和翻译行为的终极使命"(2012:98)。

翻译职业批评和翻译行业管理批评的伦理诉求也引起学者们的关注。2007年,陈学斌、刘彤指出,当前翻译市场失序,翻译质量良莠不齐,译者权益遭受威胁,呼吁用翻译伦理来规范翻译市场秩序;方梦之(2012)通过对上海出版的部分英文版学术期刊进行调查,指出当前我国英文版期刊质量以及译者伦理素养有待提高;此外,唐艳芳(2002)、韩子满(2003)、李波(2004)、刘季春(2005)、冯建忠(2007)等人均对我国翻译职业道德规范等有所论述,重点集中在对职业译者的素质培养与规范上;2011 年,陈浪呼吁我国的 MTI 教学要加入翻译伦理教育,使学生能够在其职业翻译生涯中始终保持正确的伦理意识。

(3)反思与建构

纵观中国翻译伦理研究的十五年,对其研究成果的再审视也成为研究的另一重点,并且研究形成了"反思与构建"的特色成果。

中国首篇翻译伦理研究综述见于 2009 年,该文梳理了西方翻译伦理研究成果,对中国翻译伦理研究任务和方向等做了论述;2012 年,吴慧珍、周伟概括了中国翻译伦理从 2001 至 2010 十年间的研究状况。这两篇综述分别对 2009 年以前国内外,和 2010 年以前中国的研究成果做了客观翔实的总结与评述,为其后的翻译伦理研究者提供了重要参考与启示。2006 年,汤箬在其博士后研究报告《中国翻译与翻译研究现状反思》中对我国翻译伦理研究未来可能会出现的问题进行了预测,并结合中国社会现实勾画了翻译伦理研究之路;朱志瑜(2009)指出翻译伦理探讨的是人际关系,这在后现代语境文化不平等的背景下,显得尤为重要;《翻译伦理研究中的几个问题》(涂兵兰,2010)一文认为翻译伦理的研究应以译者的价值取向为基础,重点为译者伦理的普遍性与特殊性;在此基础上,方薇(2013a,2013b)以道德哲学的视角质疑"翻译伦理"与"翻译规范"两个研究范畴的近似性,认为翻译伦理研究中术语厘定模糊,导致研究无法深入。以"规范"为核心的翻译伦理研究要转向对人的关怀和价值,以德性伦理为指导,才能突破译者主体性伦理研究范畴的制约,拓宽翻译伦理研究空间;2014 年,许宏在《文学翻译中的伦理问题》一文中,从伦理与翻译的叠合处重新审视文学翻译活动"译什么""怎么译"和"译后如何"三个命题,阐释翻译活动的伦理抉择性。

同时,构建翻译伦理学一直在酝酿之中。构建翻译伦理学的设想早在 2001 就已开始。吕俊在其专著《跨越文化障碍——巴比塔的重建》中,将哈贝马斯交际伦理引入翻译学研究(2001),借鉴商谈伦理学,正式提出翻译伦理学构建的概念(2006)。此后的十五年间,该方面研究多见于国内相关博士论文。2012 年方薇博士的毕业论文《忠实之后:翻译伦理探索》从伦理学的哲学基础对翻译伦理的概念和命题进行论证,指出未来翻译伦理研究的价值转向和文化转向,而刘卫东博士的论文《翻译伦理重构之路》提出以"交往理性"为中心,从客观、社会和主观三个维度,构建更为系统的翻译伦理学。

(二)中国翻译伦理学研究评析

基于构建翻译伦理学这一前提,中国翻译伦理研究虽然重点明确,但也存在问题。依据本综述划分的理论与应用两个领域及其内在的发展逻辑,拟从以下四个维度予以评论。

1.理论研究评析

在理论研究上,主流研究向三个方向转化。其一是对西方翻译伦理理论深入研究,以期将理论本土化。其二是援引中华古典伦理思想建构翻译伦理理论。其三是将传统翻译规范性研究转向"人本"与"尊重"的价值伦理。

然而,翻译伦理理论研究也存在困境。困境之一就是西方翻译伦理理论的研究成果并不能很好地满足中国当前翻译研究和翻译现实,且重复研究现象比较普遍;另一层面,伦理作为实践性的学科,引入翻译研究中,在何种程度和层面对翻译研究有所促进,在当前研究中也并未解释清楚。从研究成果类型来看,翻译伦理的理论更倾向于抽象的、演绎性的描述研究,而非归纳应用范例。因此,并不能充分解释某种类型的翻译伦理规律,解释性不强。由此引发的问题是"何为翻译伦理理论研究的内核与根本任务?"这应当成为推动翻译伦理研究的本质动因。

2.研究核心评析

"规范"与"价值"是中国翻译伦理研究始终无法避开的焦点，它涉及翻译伦理研究的属性，研究任务以及研究方向。这其中存在着由封闭性的规范逐渐走向开放性价值研究的转变。价值的存在，在区别于目的论、功能论研究的基础上，是对翻译研究与翻译社会现实的深刻反思，有助于回答"为什么翻译"的伦理使命。

"规范"向"价值"的研究转向属于伦理学原理对翻译中各类命题的阐述。然而，纷繁的西方伦理学流派纷繁缜密，中国伦理思想抽象而无形，由此产生了三个翻译伦理研究的障碍：其一是翻译伦理研究中，伦理学思想或流派的选择标准；其二是中国伦理思想在翻译理论研究中的系统性构建；其三是翻译伦理理论成果的检验标准与方法。

3.研究范畴评析

翻译理论与翻译实践的关系是研究中首先要解答的问题。随着翻译伦理理论的深入研究，应用翻译领域的伦理学分析成为研究者关注的重点。研究成果在一定程度上检验了翻译伦理理论对实践的影响。

就翻译（行为）伦理研究而言，部分研究者对译作、译者的伦理分析不能很好地解释或验证，指导或归纳实践成果。通过比较，这些研究结论相似，这是否说明翻译伦理的应用领域研究已经走向尽头，还是暴露出部分应用翻译伦理研究成果与翻译应用脱离的实质？因此，需要解决的问题首先是翻译伦理理论研究与应用翻译伦理研究以及翻译应用三个层面的关系；其次需要解答翻译伦理研究中，不同维度的理论对实践的作用。这样，我们的研究方向又回到理论层面，即翻译伦理理论研究的本质动因与功能。

4.应用研究评析

在翻译伦理的应用性研究中,研究者逐渐从翻译活动本身的伦理问题转向关注整个翻译行业的伦理问题。这种研究空间的扩大与研究的深入,对翻译伦理的动态界定、中国翻译行业对伦理的呼唤以及构建翻译伦理学的需求都有一定的影响。

但产生的问题是,该范围研究中对非文学翻译的伦理研究极少,这可能与我国翻译研究结构中偏重文学翻译的传统有关。对译者伦理研究超过了翻译产业中其他主体的伦理研究,这使得当前研究成果不足以构建翻译产业的伦理。再者,口译作为规则性的翻译活动,对伦理的诉求相当高,但相关研究却远远少于笔译作品。另外,对翻译行业的伦理规约和翻译伦理教育等方面也未引起学者关注,成果鲜见。

中国翻译伦理研究成果及其所暴露的问题,在一定程度上,对未来翻译伦理的深入研究会起到很好的启示作用。

首先,翻译伦理学研究,作为一种跨学科研究,本质上要立足于翻译活动。基于当前翻译伦理研究的特点,未来的翻译伦理研究可形成两条并行路线:其一是伦理学框架下的翻译研究,即从伦理角度,对翻译的理论进行探索与深化;另一路线是翻译中的伦理问题研究,主要属于应用翻译伦理研究,如翻译行业中实际问题的伦理内涵研究等,一方面可对翻译实践中的现象进行伦理性质的描述与归纳,另一方面可借助伦理依据对问题做出解答与修正。

其次,对翻译伦理理论研究的本质动因与任务的再思考,是界定该学科性质的必经之路。伦理学应用在翻译研究中,首先是批评反思作用,这是基于中西方翻译伦理研究开始的原始动因,它对迷失在解构主义和文化转向的翻译研究起到了良好的反省作用。在反思的基础上,翻译伦理的理论是对应用翻译领域成果的系统归纳和分析,从而在理论上证明翻译活动的可行性;或可起到预知性的指导作用,这种指导也直接体现在判断翻译活动执行的思路上。

另外,从语言发展与文化的角度来看,在现行西方主流翻译伦理的研究中,西方研究所针对的研究对象和任务与当前中国翻译行业所面临的现状并不相同,而部分中国学者对此的深入研究缺乏论证前提。因此,解决应用翻译伦理问题与理论的关键还应立足于中国翻译现实,进行理论的本土化研究,中国本土的伦理思想在翻译伦理的发展中可能会体现出更好的融合性,而对西方翻译伦理理论,则应当有选择性地研究。

再次,翻译伦理研究的本体回归,其核心在于建立更高层次的研究范式,对翻译伦理研究思路、方法、内容和成果进行判断、批评、修正。在未来的深入研究中,应将翻译的元伦理研究作为切入点,首先要解决的矛盾是翻译伦理研究的概念界定,这在本质上决定了未来翻译伦理研究的发展路线。

最后,翻译伦理研究的范围与研究方法应当保持宽容与多元。放眼翻译行业,进行翻译伦理研究,跳脱翻译研究重文学、重理论论证、重翻译实践的传统,从更全面的维度研究翻译伦理现象与问题,才能结合实际,着手构建翻译伦理学,亦可间接地在一定程度上解决上文提及的“翻译伦理研究什么,为什么研究”的重要问题。

中国翻译伦理研究,是翻译研究中的一个重要领域。有学者提出“翻译研究的伦理转向”这一概念,但基于当前研究成果,翻译伦理研究虽然已经受到部分学者关注,但研究群体范围小,研究对象与研究任务有待进一步厘清,研究成果的影响力也有待提升,且促成“转向”的本质动因、必要性等问题尚未得到圆满解决,因此并不能称为翻译研究的伦理“转向”。鉴于此,针对翻译伦理方面的研究尚有较大的空间。

第三章　英汉翻译的基础

翻译是不同语言之间的转换活动,而语言与文化之间有着千丝万缕的联系,可见翻译与文化也是密不可分的,译者在翻译过程中必然会遇到各种文化问题。想要妥善处理这些文化问题,译者首先要充分了解不同语言之间的差异,以及语言背后所存在的不同文化之间的差异。本章就对此进行详细探究。

第一节　语言与文化的关系

一、学者观点

语言和文化的关系一直是语言界和文化界热议的话题,这主要是由于语言和文化之间的关系复杂,需要多角度、多方面辩证地去看待。从古至今,针对语言和文化的关系这一问题,许多学者都曾提出过自己的看法和观点。

(一)萨丕尔和沃尔夫的观点

美国杰出语言学家萨丕尔(Edward Sapir)的论述十分具有典型性,他在其《语言论》一书中写道:"语言有一个环境。使用语言讲话的人们属于特定的种族(或许多种族),换句话说,属于一个由于身体特征不同而与其他集团分开的集团。""语言不能脱离文化而存在,不能脱离社会继承下来的各种做法和信念的总体,这些做法和信念的总体决定了我们生活的性质。"①

　　美国人类学家沃尔夫(Benjamin Lee Whorf)是萨丕尔的学生,其观点深受萨丕尔的影响。沃尔夫认同萨丕尔"语言是社会现实向导"的观点,并认为:"每种语言的语言体系(即语法)不仅是表达思想的工具,同时本身又影响思想的形成。它是了解个人心理活动、分析印象以及综合整个思想活动的说明书和指南。"②此外,虽然沃尔夫和萨丕尔都认为语言习惯影响一个人对问题的理解,但沃夫尔不同意将语言特征和民族文化特点解释为因果关系。

　　萨丕尔和沃尔夫提出了"萨丕尔-沃尔夫假说"(Sapir-Whorf Hypothesis)这一颇具争议的理论,这一理论也被人称为"语言决定论"(Linguistic Determinism)。这一假说的中心思想是语言决定思维,其大意是:说不同语言的人对世界的感受和想法也不相同,因此不同语言结构差异决定了不同的世界观,即不同的思维方式。当代学者普遍认为对于"假说"的理解可以有下面两种方式。

　　(1)"强式理解"(the strong version)。"强式理解"支持这一假说,即语言决定了人的思维方式。

　　(2)"弱式理解"(the weak version)。"弱式理解"认为语言在一定条件下可能会影响人的思维方式,只是相对的,并非绝对的。

　　"萨丕尔-沃尔夫假说"引发了很大的争议,支持者和反对者都提出了相关的证据,关于这一假说的正确性至今没有一个权威的说法。但实际情况是随着人们对语言学研究的不断深入,现今已没有多少人可以完全接受"语言决定思维方式"这一思想,通常人们既不能完全接受这一假说,又不能全盘否定其正确性,我们能够讨论的是这一假说在某种程度上的准确性。

---

① 范云.简析语言文化中的"三种关系"[J].四川三峡学院学报,2000,(1):50.
② 同上.

（二）哈德森的观点

社会语言学家哈德森（Hudson）认为语言和文化是一种交叉关系，哈德森认为所谓语言就是"我们通过直接学习或观察他人的行为而从他人那里学到的知识"。[①] 可见，哈德森将文化知识分为以下三类。

（1）通过观察他人，从他人那里学到的知识。

（2）个人通过直接学习或是自身体验而获得的知识。

（3）人们共享的普遍认同的知识，不需要互相学习得来，如饿了要吃饭、冷了要添衣等。

哈德森认为语言并非完全通过文化得来，一部分是个人通过总结自身经验或直接习得的，因此哈德森所说的语言和文化的交叉部分便是个人从他人习得的语言。

（三）弗莱斯的观点

对比分析假说奠基人查尔斯·弗莱斯（Charles C. Fries）认为，语言与文化在社会环境中有着十分密切的关系。弗莱斯曾以breakfast 一词为例进行论述。对于 breakfast 一词，其本身含义是非常明确的，即"早上的第一顿饭"。但是弗莱斯认为，如果仔细追究，就会涉及 breakfast 要吃哪些东西，什么时候吃，在哪里吃，和谁一起吃等问题。如果不了解这些问题，那就不能充分理解 breakfast 一词的意义。换句话说，虽然都是 breakfast，但不同国家的习惯不一样，如美国人早餐和英国人早餐不一样，中国人和英美人的早餐更是不一样。对中国学生来说，如果不了解英美人吃饭的习惯，那么对于"David's having his breakfast."这句话只能进行表面的、概念性的理解，而无法做到深入和具体的理解。再如，中国学生和英美人对 house 这一词的表面含义都十分清楚，但是当听到这个词的时候，他们头脑中的反应实际上是完全

---

① 贺显斌.语言与文化关系的多视角研究[J].西安外国语学院学报,2002,(3):22.

不一样的,即英美人头脑中的反应和一个不了解西方居住情况的中国学生所想到的是极为不同的,这就是文化不同所致。

从弗莱斯的论述可以看出,语言是文化的重要表现形式,也是文化的重要反映,如果不了解英美文化,是无法学好英语的。而越是深入了解英美历史、文化乃至英美人的生活方式,就越能准确地理解和使用英语。

二、语言与文化之间的具体关系

通过上述对不同学者观点的介绍可以看出,语言与文化之间相互区别又十分紧密,二者之间的关系具体表现在以下几个方面。

(1)语言是文化的基础,是文化传承的载体,而文化是语言发展的动力。语言推动着文化的各个组成部分,如政治、法律、教育、风俗习惯、艺术创造、思维方式等的发展。相反,只有文化发展了,语言才能随之发展。

语言也是一种文化,而且是最初始的文化,是文化的一个方面,是精神文化的基础。语言及其使用方式都不能超越文化而独立存在,不能脱离一个民族所流传下来的决定这个民族生活面貌和风俗习惯的信念体系而存在。文化对语言的形式有着制约作用,文化是语言赖以生存的基础,它不断将自己的精髓注入语言中,是语言新陈代谢的生命源泉,文化的发展能够推动和促进语言的发展;同样,语言的发达和丰富,也是整个文化发展的必要前提。

(2)语言只是文化的一个组成部分,是文化的一种特殊现象。文化大致包括物质文化与精神文化,而物质文化并非语言,只有在组织生产或说明使用这些实物时才必须使用语言,在习俗和制度文化中虽然要使用语言,但非绝对要使用语言。只有精神文化必须使用语言来表达,用语言来记载。换言之,语言就是在人类产生之后,随着文化的产生而逐渐形成的一种精神文化,它是文化的一部分,但并非文化全部。

(3)语言是文化的一面镜子,它直接反映文化的现实和内涵。一个文化的面貌可以在语言中得以体现。例如,汉语中的"东风"在英语中对应的词是 east wind,这样的译法没有异议,但对它进一步探究就会发现,以英汉两种语言为母语的人们会对其理解产生很大差异:中国人通常会理解为和煦温暖的,象征着春天和美好的事物;在英国人眼中,对"东风"的理解却不像中国人理解的那么美好,他们只能想到凛冽的刺骨寒风。这和上述弗莱斯的论述类似,即指称意义相同的某个词或短语对来自另一文化背景之下的人来说,可能会代表截然不同的事物。有时即使所指相同,但该事物在他们心目中所产生的联想完全不同。这一切都是因为所运用的语言当中蕴涵了文化而造成的。

(4)语言促进文化的发展。文化是语言发展的动力,反过来语言的丰富和发达是整个文化发达的前提。如果没有语言记载人类祖先的知识和经验,后代人一切都要从头做起,社会就会停滞,更谈不上文化的发展。如果没有语言作为工具,各个民族之间就无法进行交流,人类就无法获得先进的知识和经验,社会与文化的发展与进步都会受影响。

(5)语言和文化的密切关系还表现在语言的演化同文化背景的改变息息相关。也就是说,语言与文化的发展相互制约,二者共同形成,共同发展,相互依赖和影响。语言体现了人们对客观世界的认识和态度,记录了民族和社会的历史发展进程。它是一个民族历代智慧的积累,是文化的结晶。语言中储存了人类的劳动成果和生活经验。人们既通过学习语言掌握和继承前人积累下来的文明成果,还通过使用语言将这些文明成果加以延续、发扬和改进,人类社会也因此不断进步和发展。在我国,随着改革开放的不断推进,社会更加进步,人们的思想愈加活跃,在语言层面,产生了很多符合现代社会气息的词语。例如,"冲浪"就是在互联网上获取各种信息,进行工作或娱乐;"酱紫"意思是"这样子"等。有些词生命力强,逐渐保留下来,还有一些词则随着时间的推进慢慢被遗忘,如现今"手机"已代替"大哥大"。由此可见,语言的发展同社会文化背景有着紧密的联系,语言与文化在共生中相互制约与影响。

第二节　英汉语言差异

一、英汉词汇差异

词汇是语言重要的构成要素。在词汇层面,英汉语言的差异性主要体现在以下几个方面。

(一)书写形式差异

英语和汉语分属不同的语系,英语属于印欧语系,汉语属于汉藏语系。在书写形式方面,英语由字母组成,汉语则采取方块字的基本形式。具体来说,英语中的音节与单词都是由字母组成的,音节和单词之间没有明确的界限,英语在音韵层面属于"元辅音体系"。正因为如此,英语单词与单词之间通常以空格来进行分离,音节则常写在一起。例如:

Gloria loves singing very much.

格洛利娅非常喜爱歌唱。

相比之下,汉语在音韵层面属于"调韵声体系"。虽然音节之间较为分明,然而音节与音节之间的组合比较模糊,所以汉字之间没有间隙。

(二)词形变化差异

英语属于屈折语言,具有丰富多变的语法形态。英语名词有可数与不可数之分。其中,可数名词又分为单数名词与复数名词。英语动词也有丰富的形式变化,主要体现在人称、语态、时态、语气、情态及非谓语等的变化上。此外,英语中的形容词、副词等也有词形的变化,正是由于这些词形的变化,英语中的词类、性、数、格、语态、时态的变化才不须借助其他虚词就可以实现。

而汉语作为一种非屈折语言,其词与词的关系需要读者自己解读。一般而言,汉语语法形态是通过上下文语境来实现的。汉语属于表意文字,汉语名词没有可数与不可数之分,也没有单复数之分;动词也没有形态变化,谓语动词的语态、时态等往往需要借助词汇手段来实现。

(三)构词法差异

汉语和英语的构词方法有很多,其中词缀法、复合法、缩略法都是重要的方法。

1.复合法

复合法就是将两个或者多个独立的词语连接在一起组成新词的方法。复合词就是两个或两个以上的单词合成在一起而构词的新词。

英汉语中复合法的区别在于汉语由语素构成,构词不仅是从词性上来分类,更重要的是从语素之间的关系来分类,即动宾关系、主谓关系、动补关系、偏正关系等。相比之下,复合法是英语构词的主要方式之一。具体来说,英语复合词可以分为复合名词、复合动词、复合形容词。

(1)复合名词
英语中的复合名词其构成形式很多,具体介绍如下。
动词+名词。例如:
chopsticks 筷子
名词+动词。例如:
heartbeat 心跳
snowfall 降雪

haircut 理发

daybreak 黎明

名词＋名词。例如：

friendship 友谊

football 足球

basketball 篮球

boyfriend 男朋友

girlfriend 女朋友

northeast 东北

southwest 西南

postcard 明信片

形容词＋名词。例如：

highway 高速公路

blackboard 黑板

deadline 截止日期

副词＋名词。例如：

off chance 不容易有的机会

afterthought 事后想到的事物

overdue 逾期

online 在线

副词＋动词。例如：

intake 摄入

output 输出

动词＋副词。例如：

takeover 接管

介词＋名词。例如：

afternoon 下午

by-product 副产品

-ing＋名词。例如：

cleaning lady 清洁女工

parking meter 停车计时器

learning strategy 学习策略

washing machine 洗衣机

swimming pool 游泳池

(2)复合动词

复合动词一般是在复合名词和复合形容词基础上,通过词类转化法或逆生法而构成的。此外,副词与动词也可以构成复合动词。例如:

undergo 经历

outgo 比……走得远

underwrite 承担

(3)复合形容词

复合形容词的后半部分主要包括名词、形容词、副词以及具有形容词性质的-ing 分词或-ed 分词。例如:

duty-free 免税的

green-blind 绿色色盲的

evergreen 常绿的;永葆青春的

light-blue 浅蓝的

deaf-mute 又聋又哑的

steaming-hot 滚烫的

smoking-hot 热气腾腾的

freezing-cold 冰冷的

关于复合词的词性,通常可以通过以下三种方法确定。

第一,如果两个词词性相同,那么它们构成的合成词的词性也不变。例如:

news(名词)+paper(名词)=newspaper(名词)

上面两个原有单词都是名词,合成的 newspaper 也是名词。

第二,如果词语词性不同,那么它们构成的合成词词性与最后一个词相同。例如:

water(名词)+proof(形容词)=waterproof(形容词)

white(形容词)＋wash(动词)＝whitewash(动词)

第三,如果是介词和其他词合成,那么构成的词其词性归属其他词。例如:

under(介词)＋take(动词)＝undertake(动词)

2.词缀法

词缀法是在词根上加前缀或后缀构成另一个与原义稍有不同或截然相反的词。

汉语中的词缀构词主要有三种形式。

第一种是前缀,也就是词缀＋词根的形式,如"老虎""老王"。

第二种是后缀,也就是词根＋词缀的形式,如"胖子""瘦子""桌子""凳子"。

第三种是叠音后缀,也就是词根＋叠音词缀的形式,如"红彤彤""暖洋洋"。

与汉语相比,词缀法是英语构词法的核心,由词缀构成的词汇数量非常庞大。这里主要介绍下英语词缀中的前缀和后缀。

(1)英语前缀

英语前缀通常不会改变词性,仅改变词义。

表示否定意义的前缀。例如:

un-,如 unhappy(不高兴的)。

dis-,如 disagree(不同意)。

in-/im-,如 incorrect(不正确的)。

ir-,用于以 r 开头的单词,如 irregular(不规则的)。

il-,用于以 l 开头的单词,如 illegal(不合法的)。

mis-,如 misuse(错用)。

non-,如 non-smoker(非吸烟者)。

表示其他意义的前缀列举如下:

re-表示"再;又;重",如 rewrite(重写)。

a-表示"的",可以构成表语形容词,如 alone(单独的),alike(相像的)。

tele-表示"远程的",如 telephone(电话)。

en-表示"使",如 enlarge(扩大)。

inter-表示"关系",如 Internet(因特网)。

(2)英语后缀

英语后缀通常改变词性,可以构成意思相近的其他词性的词。当然,少数后缀也能改变词义。

形容词后缀列举如下:

-ly,如 year→yearly（每年的）。

-en,如 wooden（木制的）。

-ful,如 care→careful（小心的）。

-less 表示否定,如 use→useless（无用的）。

-ous,如 famous（著名的）。

-ish,如 selfish（自私的）。

-ive,如 collective（集体的）。

动词后缀列举如下:

-fy,如 beauty→beautify（美化）。

-en,如 sharp→sharpen（削）。

副词后缀列举如下:

-ward 表示"方向",如 eastward（向东）。

名词后缀列举如下:

-th 表示,如 long→length（长度）。

-ist 表示"人",如 science→scientist（科学家）。

-ment,如 moves→movement（运动）。

-ness,如 busy→business（事务）。

-tion,如 dictate→dictation（听写）。

-er 表示"人",如 buy→buyer（买主）。

-or 表示"人",如 sail→sailor（海员）。

数词后缀列举如下:

-th 构成序数词,如 six→sixth（第六）。

3.缩略法

缩略法就是对字或词进行缩略和简化的方法。

(1)英语缩略词

英语缩略词的数量较多,归纳起来主要有四种类型。

第一,节略式缩略词,即截取全词中的一部分,省略另一部分的形式。例如:

Wednesday→Wed.(星期三)

executive→exec(执行官)

gentleman→gent(绅士)

earthquake→quake(地震)

influenza→flu(流感)

refrigerator→fridge(冰箱)

department→Dept(部门)

第二,字母缩合式缩略词,即提取一个短语或名称中的首字母或其中的某些字母进行缩合而形成的节略词。例如:

foot→ft(英尺)

kilogram→kg(公斤)

post card→p. c.(明信片)

tuberculosis→TB(肺结核)

television→TV(电视)

General Headquarters→GHQ(司令部)

lightwave amplification by stimulated emission of radiation→laser(激光)

第三,混合式缩略词。例如:

cremate+remains→cremains(骨灰)

fruit+juice→fruice(果汁)

teleprinter+exchange→telex(电传)

tour+automobile→tourmobile(游览车)

第四,数字概括式缩略词。例如:

copper,cotton,corn→the three C's(三大产物：铜、棉花、玉米)

Aglaia,Euphrosyne,Thalia→the three Graces(三女神)

（2）汉语缩略词

汉语中的缩略词主要有下面两种。

第一，选取式缩略词，即将词汇中有代表性的字选取出来而形成的缩略词。例如：

文学艺术→文艺

扫除文盲→扫盲

少年先锋队→少先队

北京电影制片厂→北影

第二，截取式缩略词，即用名称中一个有代表性的词代替原有的名称而构成的词。例如：

进口、出口→进出口

春、夏、秋、冬→四季

湖南、湖北→两湖

（四）词义对应关系差异

汉英词义的对应关系主要有下面几种情况。

1. 完全对应

汉英两种语言中有些词在词义关系上是完全对应的。英语中的这类词主要是专有名词、术语、常见事物的名称，同时具有特定的通用译名。例如：

radar 雷达

bikini 比基尼

clone 克隆

helicopter 直升机

speciology 物种学

The Pacific Ocean 太平洋

Senate 参议院

plastics 塑料

2. 部分对应

英汉两种语言中有一些词的词义是部分对应的关系。具体来说,可能是汉语词义范围广而英语词义范围窄,也可能是汉语词义范围窄而英语词义范围广。例如:

gun 枪;炮

marry 娶;嫁

uncle 伯父;叔父;叔叔;伯伯等

3. 交叉对应

英语中一词多义的现象很普遍,一个词的多种意义分别与汉语中不同的词或词组形成对应,这就是交叉对应。因此,要确定英语多义词的意义,需要考虑上下文语境。请看图 3-1。

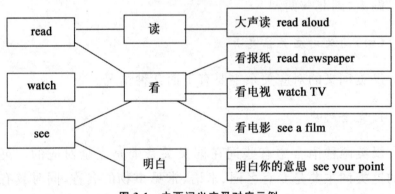

图 3-1　中西词义交叉对应示例

(资料来源:张培基,2009)

通过图 3-1 可发现,read,watch,see 与"读""看""明白"是一种交叉对应的情况。

4. 不对应

英汉语言中有些词汇难以在对方语言中找到相对应的词汇,这就产生了无法对应的现象,这种现象也被称为"词汇空缺"。词汇空缺的根源是文化空缺，在语言交际中，文化空缺十分常见，也极为重要。例如：

hot dog 热狗

chocolate 巧克力

hippie 嬉皮士

beddo（一种多用途的）床

气功 Qigong

二、英汉句子差异

（一）语言形态差异

从语言形态方面来说，语言可以划分为综合型语言和分析型语言。

汉语句子的分析型成分占主要部分，因此汉语语序较为固定。相比之下，英语中很多句子既包含分析，又包含综合，因此英语可以说是分析与综合参半的语言。在汉语中，句子的主谓语序为正常语序，即主语位于谓语之前，因此中国人使用倒装句的情况比较少。英语中也有一些与汉语类似的情况，但是英语中也会使用大量的倒装句，尤其是在一些商务文体里面，倒装句的使用频率要比汉语多得多。这里就以倒装句为例来分析。

Had I known that we would be walking the sixteen blocks from the Bank to the convenience store, I would have worn more comfortable shoes.

如果我知道我们从银行到便利店要走 16 条街道的话，我会穿更舒服的鞋子。

从这一例句可以看出，英汉语在主谓语序上存在明显的差异，具体而言表现为两点：一是动词移位的差异；二是英汉语是否注重末端重量的差异。

（1）动词移位的差异。首先，在英语中，动词是可以移位的。

这可以在英语陈述句与疑问句的转换中体现出来。相比之下,汉语中并不存在这一点,也就是说汉语中陈述句与疑问句转换时,位置不需要移动。例如:

She is Lily's mother. (陈述句)

Is she Lily's mother? (疑问句)

她是莉莉的妈妈。(陈述句)

她是莉莉的妈妈吗?(疑问句)

其次,有时为了实现某些语义需要,动词需要移位。在英语中,一些话题性前置的现象非常常见,尤其是表达否定意义的状语的前置现象,即将助动词置于主语之前,形成主谓倒装句式。但是在汉语中,这种语法现象是不存在的。例如:

Rarely have I heard such a rude word from Tom.

我很少从汤姆那里听到如此粗鲁的话。

最后,有时为了凸显语势,或者使描写更具有生动色彩,导致动词发生移位。在英语中,这种现象称为"完全倒装",这种倒装是为了满足修辞的需要产生的,因此又可以称为"修辞性倒装",即将谓语动词置于主语之前,以此来抒发强烈的情感。例如:

In came the Mayor and the speech began.

市长走了进来,然后开始讲话。

(2)末端重量的差异。在末端重量层面,英语是非常注重的,这可以从以下两点体现出来。

第一,英语中句尾应该放置分量较重的部分,再按照先短后长的顺序来组织句子,汉语则与之相反。例如:

Inscribed on the wall are the names of those who left their homes in the village to travel to the United States.

那些离开村子里的家、去美国旅行的人们的名字被刻在了墙上。

第二,在英语中,当主语或宾语属于较长的动名词、名词性从句、不定式等成分时,一般将这些长句的主语位于句子后半部分,主语用 it 来替换。但是在汉语中,并不存在这种语法现象。

例如：

It is very easy for me to pass the wooden bridge.

对于我来说，通过那个木桥是非常容易的。

（二）句子重心差异

在句子重心方面，英语句子一般重心在前，汉语句子则与之相反，即重心在后。也就是说，英语句子一般将重要信息、主要部分置于主句之中，位于句首；汉语句子一般把重要信息、主要部分置于句尾，而次要信息、次要部分置于句首。这里主要通过以下两个层面来分析英汉句子重心的差异所在。

1. 结论与分析

汉语句子通常先逐条分析，摆出事实依据，然后得出最终的结果。英语句子则不然，往往将结论置于之前，分析置于后面，即先开门见山，陈述实质性的东西，然后逐条进行分析。例如：

（1）The solution to the problem of Southern Africa cannot remain forever hostage of the political maneuvers and tactical delays by South Africa nor to its transparent proposals aimed at procrastination and the postponement of the solution.

译文 1：南部非洲问题的解决不能永远成为南非耍政治花招和策略上采取拖延手段的抵押品，也不能永远成为提出明显是在拖延问题解决的抵押品。

译文 2：不管是南非耍政治花招与策略上采取拖延手段，还是提出明显是在拖延问题解决的建议，都不能永远地阻止南部非洲问题的解决。

（2）揭穿这种老八股、老教条的丑态，展示给人们看，号召人们反对老八股、老教条，这是五四运动时期的一个伟大功绩。

译文 1：Its public exposure of ugliness of old stereotype and the old dogma and its call to the people to rise against them were a tremendous achievement of the May 4th Movement.

译文 2：A tremendous achievement of the May 4th Movement was its public exposure of the ugliness of old stereotype and the old dogma and its call to the people to rise against them.

英语属于形合连接，因此在短语、句子中都会有连词来进行连接，句中存在明显的主从关系，也可以从一般句子结构中看出修饰关系。例（1）属于一个长句，其中 The solution to … forever hostage 属于整个句子的主要成分，之后用介词 to 引出两个次要成分，对上面的主要成分进行解释，这样保证了整个结构的清晰。但是，如果按照英语句子模式翻译汉语，就会让目的语读者读起来拗口。显然译文 1 读起来就让人费解。原文的意思是，采取政治花招也好，采取拖延手段也好，都不能阻挡解决南部非洲问题。The solution to … forever hostage 表明了一种决心，一种愿景，因此汉语应该采用倒译法，译文 2 就是比较好的翻译。

另外，汉语属于意合连接，因此在短语、句子中往往可以不出现连接词。汉语中非常复杂的句子并不多见，往往以单句的形式呈现，句子间的关系通过逻辑可以判定。在例（2）中，"揭穿这种老八股、老教条的丑态，展示给人们看"与"号召人们反对老八股、老教条"是两个并列成分，中间并没有采用连接词来连接，其意思与最后半句"一个伟大功绩"这一独立分句的意思等同。这在汉语中属于一种常见现象，先摆出具体的论据，最后得出结论。但是，如果这样翻译成英语就很难让读者理解了，译文 1 就显得头重脚轻，这在英语中是很避讳的。相比之下，译文 2 就显得更符合英语的语言习惯，是比较好的译文。

2. 原因和结果

英语句子往往把结果置于句首，之后再分述原因，是一种前重后轻的思维方式。汉语句子则相反，往往先陈述具体的原因，结尾部分陈述结果，是一种前轻后重的思维方式。例如：

生活中既有悲剧，文学作品就可以写悲剧。

Tragedies can be written in literature since there is tragedy in life.

　　汉语原文前半句为因，后半句为果，我们不能将两个半句对调过来。而英语句子中要想将两个半句连接起来，必须借助连词，因此 since 的出现满足了这一效果，即将结果置于前端，然后解释用 since 引出原因。

（三）语态对比

　　英汉思维模式的不同必然会影响语态。通常来说，英语善用被动语态，而汉语善用主动语言。英语选用被动语态说明英语国家的人们对客观事物是非常看重的，而汉语选择主动语态说明中国人对做事主体的作用是非常看重的。

1. 英语善用被动语态

　　西方人对于物质世界的自然规律是非常看重的，习惯弄清楚自然现象的原理。与东方人相比，他们更加看重客观事物，注重对真理的探求。在语言表达上，他们习惯采用被动语态来对活动、事物规律或者动作承受者加以强调，对于被做的事情与过程非常看重。因此，在英语中，被动语态非常常见。甚至在有些文体中，被动语态是常见的表达习惯。

　　从语法结构上说，英语中存在十多种被动语态，且时态不同，其被动语态结构也存在差异，如一般现在时被动语态、一般过去时被动语态等。当然，不同的被动语态，其所代表的意义也必然不同。例如：

English is spoken by many people in the world.

世界上有许多人说英语。

Apple trees were planted on the hill last year.

去年山上种了很多苹果树。

AI technology will be used in the future.

将来会用到人工智能技术。

　　通过分析不难发现，第一个句子为一般现在时态，其被动语态表达的是现在的情况；第二个句子为一般过去时态，其被动语态表达的也是过去的情况；第三个句子为一般将来时态，其被动语态表达的也是将来的情况。

2.汉语善用主动语态

中国人侧重动作执行者的作用，在语言使用中也是如此，中国人习惯采用主动语态来表达，以陈述清楚动作的执行者。

当然，汉语中也存在被动语态，主要用来表达不希望、不如意的事情，如受祸害、受损害等。受文化差异的影响，汉语中的被动语态往往比较生硬。例如：

饭吃了吗？

病被治好了吗？

显然，上述两句话虽然使用被动语态表达，但是显得非常别扭，甚至很难读，因此应改为：

你吃饭了吗？

医生治好了你的病了吗？

这样修改为主动句式之后，句子就显得流畅许多。

这就说明，汉语中并不存在英语中那么多的被动句式，也很少使用被动句式，而是采用主动句来替代。这与中国人的主体思维有着密切的关系。中国人主张"事在人为"，即行为与动作都是由人产生的，事物或动作不可能自己去完成，因此对动作执行者的表达显得至关重要。如果无法确定动作执行者，也往往会使用"有人""大家""人们"等泛称词语替代。当然，如果没有泛称词语，也可以采用无人称，就是我们所说的"无主句"。例如：

下雨了。

快走！

（四）扩展机制差异

这里的扩展机制是指随着思维的改变，句子基本结构也呈现线性延伸，因此又可称为"扩展延伸"。如果从线性延伸的角度考虑,英汉采用不同的延伸方式,英语采用顺线性扩展延伸机制,汉语采用逆线性扩展延伸机制。

顺线性扩展延伸,是从左到右的扩展,即 LR 扩展机制(L 代表 left,R 代表 right)。英语句子的延伸,其句尾是开放性的。例如:

Smith has a dog.

Smith has a dog which looks like the cat.

Smith has a dog which looks like the cat that stayed on the tree.

逆线性扩展延伸,是从右到左的扩展,即 RL 扩展。汉语句子的延伸,其句首是开放的,句尾是收缩的。例如:

以上三句话用汉语语序表达为:

史密斯有一条狗。

史密斯有一条长得像猫的狗。

史密斯有一条长得像待在那棵树上的猫的狗。

第三节　英汉文化差异

一、英汉价值观念差异

(一)个人主义观与集体主义观

西方文化认为人是一切活动的中心所在,每个人都是独立的个体,理应被放在第一位。个人主义观念认为个人虽然无法离开社会集体而存在,但是正是由于无数的个人对自我利益和幸福的不断追求,最终才能不断推动社会的前进,因此每个人的存在都至关重要,在社会事务中每个人的需要和幸福都应当被优先考虑。

此外,西方人对于个性和自由非常推崇,非常强调个人的意志,注重自我价值的实现。整体来看,西方人不像中国人这样有强烈的集体归属感。当然,个人主义并不意味着个人利益比任何利益都高,而是需要在法定的范围内,因此这种个人主义是一种健康的、积极的价值观。

汉文化则推崇集体主义,与个人相比,集体主义认为集体和国家更重要,强调集体利益应该凌驾于个人利益之上。集体主义认为,每个人都是集体和社会中的一分子,离开集体和社会,个人的作用是很有限的,只有把所有个人的力量和智慧集中起来,集体和社会才能有所作为。可见,个人必须依托于集体和社会存在,脱离集体的个人几乎无所作为,因此每个人都应该重视集体的力量,遇到事情时应优先为他人和集体考虑。受这种价值观的影响,中国人普遍含有强烈的集体归属感,这种集体主义观在家庭、工作之中也有强烈的表现,具体来说就是讲究长幼尊卑、下级服从上级等。

(二)"求变"心态与"求稳"心态

受个人主义价值观的影响,西方人更倾向于"求变"。大多数西方人不满足于已取得的成就,不甘受制于各种条件的限制。他们在意的是变化、改善、进步、发展与未来。正是因为具有"求变"的心态,所以西方人非常喜欢另辟蹊径,热衷于冒险探索。这使西方社会一直处在创新的氛围中。

集体主义价值取向使中国人形成了"求稳"的心态。在中国社会,大家(国家)、小家(家庭)都希望稳定和谐。一个社会不可能是一成不变的,关键看为什么变、如何变、变得如何。纵观中国几千年的发展史,都是在"稳定"中求生存、求发展、求进步的。中国人提倡"求稳"价值取向,国家始终将维持安定团结的局面放在第一位,强调"稳定压倒一切",坚持"发展是硬道理"。这体现了中国文化的特质。

（三）天人二分观与天人合一观念

西方文化主张主客二分，强调人是独立个体的存在，除人之外的外在世界都是人这一主体的对象，是客体。人作为主体，必须分离自然之外，对客体进行客观、冷静的观察、思考、研究乃至分析。西方文化在审美上注重对自然的模仿，将文化的本质视为对自然的一种模仿。例如，希腊作为西方文化的发源地之一，其最突出的文化表现形式是雕刻与叙事诗，这就是西方人审美标准的最直接的外在体现，因为雕刻与叙事诗是一种典型的写实风格，因此很好地体现了主客二分的审美模式。总之，在西方人心中，对大自然的审美无外乎两种心理：要么畏惧自然，要么征服自然。

与西方天人二分观念不同，中国人的审美趋向是天人合一，倡导个人与自然融为一体，这主要是受中国传统文化熏陶的结果。我国古代很多哲学家都强调天人合一观，提倡一切都应该顺其自然，不可人为强制。这种天人合一的精神延续了数千年，可以说是中国传统文化的精髓。中国人往往认为，人与自然是一体的，因此人类要懂得欣赏大自然，不仅如此，还要将自身融入自然，实现人与自然以及人与自身的和谐，这也被视为旅游审美的最高境界。这也是中国人格外偏爱体物寓兴、寄情于物的根源所在。

二、英汉思维模式差异

（一）整体思维与个体思维

西方人主张"天人二分"，即认为人与自然、主观与客观是分离的。这就表明了西方人的个体思维。西方人强调先分析部分，然后知整体，先分析小的方面，然后知大的方面。

中国古代强调"天人合一"，无论从人心体验还是社会感悟，无论是对人的认识,还是对自然界的认识,都强调人与自然、主体与客体的统一。这就表明了中国人的整体思维,他们认为整个世界就是一个整体。整体是由部分构成的,要了解部分,首先需要对整体进行把握,从整体看问题,反对孤立的态度。

(二)抽象思维与形象思维

西方人习惯抽象思维,即人们以概念作为基础,对事物进行与现实物象相脱离的判断。西方人的思维模式主要受形而上思维的影响,具有抽象性、分析性的特点。

上述提到,中国人强调"天人合一",受该思想影响,中国人善于形象思维,即通过与外部世界的客观事物形象产生联系,加之头脑中的固有物象,展开思考与总结。受这一思维模式的影响,中国人擅长对概念进行具体表达。

三、英汉社交文化差异

语言是文化的重要反映,而跨文化交际从某种程度上来说是一种语言转换成另一种语言,在这一语码转变的过程中,交际得以完成。

跨文化交际中的语言使用非常复杂,不仅涉及言语调节、交际风格、表达形式、言语行为,有时还会涉及音律、语气和语体。

(一)音律差异

在社会交际中,音律会影响发话人的话语意义。发话人在不同的地方停顿所表达的意义是不一样的。例如:

My sister who lives in Miami / is very nice.
住在迈阿密的姐妹,她人很好。(发话人有多个姐妹)
My sister / who lives in Miami / is very nice.
我的姐妹住在迈阿密,人很好。(发话人只有一个姐妹)

（二）语气差异

语气通过改变该文化框架内的语境化线索和发话人与受话人之间的社会框架结构关系，形成了不同的语言表现形式，进而影响受话人对话语的理解。在社会交际中，发话人不同的语气会产生不同的言语释义，而中国文化中的语言表达形式与西方文化中的语言表达形式有很大的差异。例如，在中国，如果是父子间进行对话，氛围往往较为严肃，父亲说话的口气也比较正式，有时甚至会带有一种近似命令的口气。而在西方，人们崇尚自由和平等，即使父子间也是一种平等关系，因此父子间谈话时，父亲的语气通常会比较客气、委婉，常用 please。

（三）语体差异

口语在交际中最常见的语体分为正式和非正式两种。其中，正式口语又分为演讲、朗读和交谈。

（1）演讲使用标准词汇，合乎语法、简明的句子，语速较慢，发音清楚，易于理解，常常保持拖腔风格以保持听众注意力，一般用陈述语句，偶尔使用设问句以增强交际效果。演讲是一个双向互动的交际活动，演讲人要尽最大可能、采用多种技巧来调剂与听众之间的关系，以拉近双方之间的心理距离，取得较好的交际效果。

（2）朗读是书面语的声音形式，具有清楚的词汇、语句，按照规定的语速、语流、节奏进行。朗读是单向的信息传递，具有他控性、连续性和不间断性等特点。

（3）交谈包括话轮转换、沉默、会话管理，涉及许多会话技巧。访谈、对话具有标准化的词汇、语法、发音，以及程式化语流、语速。

非正式语体的话语基调受语言社团和交际环境影响出现了"大量的语言变异现象"，句子简单，强调语境化和情景意义，常用于熟人之间、非正式场合。交际的顺利进行是建立在交际双方共知的语言背景基础上的，交际时伴随着大量非语言交际。

第四章　英汉翻译技巧

　　英汉翻译不仅是一种行之有效的英语教学手段,也是一种广泛应用的英语学习方法。通过英汉翻译,学生能快速提高阅读、理解和表达能力,同时能巩固对英汉两种语言和文化的掌握。如前所述,英汉两种语言在句法、词汇、语篇等方面都存在诸多差异,这就使得两种语言的表达方式经常无法对应。在对词汇、句子和语篇进行翻译时,不仅要全面了解这些语言单位在两种语言中的所指,更要具备一定的翻译技巧,这样才能实现忠实的语言转换。

第一节　词汇翻译技巧

　　如果译者在翻译过程中遇到了生词却无法识别,其翻译过程和结果必然会受严重影响。因此,如何识别生词以及如何对生词进行意义解码,在翻译过程中起着关键作用,它直接决定着译者能否忠实地再现源语文本。从某种意义上来说,翻译也是一个意义建构的过程,要求译者能够快速有效地进行词汇识别、词汇解码,这就需要一定的技巧。

一、词汇翻译技巧应用的前提

　　词汇翻译是一种需要讲究技巧的活动,但是技巧的应用效果也是建立在译者自身的词汇综合素质的基础之上。译者的词汇综合素质不仅体现在译者对词汇概念的认知上,还体现在其词汇能力上,最重要的是体现在词汇量上。

(一)对词汇概念的认知

每种语言都有着自己独特的词汇系统,这个词汇系统是动态发展的。词汇的领域是非常广阔的,不仅仅是指某一单独个体。词汇是一个集合概念,就英语这门语言来说,英语词汇系统包括了英语语言中的全部词与固定词组。所以,词汇并非代表着某一具体词或者某些固定词组,而是代表一种语言中全部的"词"和"语"。

另外,我们可以从历时和共时的维度来界定词汇。从历时的角度来看,词汇可以包括某种语言在各个时期生成的全部词汇。从共时的角度来看,词汇包括某特定时期所有语言变体中的全部词语,如古英语词汇、中古英语词汇、现代英语词汇。

那么词和词汇是什么关系呢?可以很明确地说,词汇和词是包含与被包含的关系,也就是说,词汇包含词的范畴。因此,我们可以从以下四个方面来界定词的内涵。

第一,就成分和组合来看,空白段和间隙中的字母或者音节段落都可以被视为词。

第二,从语法的角度来讲,因为语法包括很多等级和层次,在这个等级和层次的系统里,词作为一种级阶,是一种介于语素和词组之间的语法单位。

第三,从术语的角度来看,每种术语都有各自的属性,而词这个概念既具有普通术语的属性,也具有专门术语的属性。例如,当人们看到 man 与 men 这两个词时,如果将其当成两个词,那么就将词看成一个专门术语;如果将其当成一个词,那么就将词看成一个普通用语。

第四,既然很多学者都对词做过研究,那么词一定是一种可以概括和归纳的语言单位。

由以上可知,词汇与词是整体与个体的关系。

（二）了解词汇能力的表现

卡特和理查德（Carter & Richard）认为，词汇能力主要包含如下九个层面的内容。

（1）运用词语进行造句的能力。

（2）理解词汇的内涵意义的能力。

（3）准确辨别同义词、近义词的能力。

（4）了解单词使用的机会和可能性有多大，在哪些场合可以使用，以及在哪些情况下不可以使用。

（5）对于多义词而言，要了解它的所有含义。

（6）弄清一定数量的词汇。

（7）理解词汇的连贯性，以及如何将词汇连接成一段语篇。

（8）理解词汇的搭配意义。

（9）理解词汇的构造机制。

理查德（Richard）指出，词汇能力不仅包括对词汇含义的理解，还包括其他知识，如同义词的区别、派生词的含义、词汇与句法的意义、在不同语境下词汇的使用范围等。简言之，就是要弄清楚词汇的运用能力。

（三）具备充足的词汇量

外语词汇习得过程比母语词汇习得过程更复杂和特殊。外语学习涉及两种情况：第一种是在双语环境下同时学习两种语言；第二种是儿童在学会母语后学习外语。在第一种情况中，儿童学习两种语言是社会化过程的一部分；在第二种情况中，外语的学习相当于其他知识的学习，受制于个体差异、环境、情感等因素。中国人的词汇学习基本属于第二种情况，在此就从这一角度探讨如何扩大词汇量。

1.动机

动机分为内部动机和外部动机。内部动机是自己的主观需求、情感和兴趣导致的内部驱动力。外部动机是外在的客观要求导致的一种外部的作用力。有的学生有学习英语词汇的动机，而有的学生没有学习英语词汇的动机。

对于没有学习英语词汇动机的学生而言，他们是迫于学校课程设置的压力和要求，为了通过英语课程考试才学英语，自己在主观上没有学习英语的兴趣和愿望，对英语没有任何实际需求，因此也不会花太多时间和精力学习词汇。

对于有学习英语词汇动机的学生而言，这还要分为两种情况。第一种是这些学生有学习英语的兴趣和愿望，即他们有学习英语的内在动机。第二种是这些学生是由于客观要求才努力学习英语的，如看英语电影、去英语国家旅行、与外国人沟通、玩英语版游戏或者为了通过英语考试等，他们也会花很多的时间，采用各种方法学习词汇。但是，从理论上讲，内部动机比外部动机能够更好地促进词汇学习。

2.认知因素

词汇学习是一个复杂的认知过程，涉及注意、判断、加工、记忆等认知活动。施密特和麦卡锡(Schmitt & McCarthy,2002)指出，当学习者用于学习某些词汇的认知能量足够大的时候，他们以后就更容易记忆和运用这些词汇。换句话讲，如果学习者在某些词汇上投入的注意、思考、加工、记忆越多，那么保存和可提取的词汇信息量就越大，也就越能提高保存和提取的准确度和流畅度。

(1)注意

申克(2003)强调，要想进入学习的过程，首先需要注意学习的对象。也就是说，注意是学习必不可少的前提条件。

对于词汇学习而言，学习者需要首先注意输入的未知词汇或已知词汇的未知信息。学习者不是在真空的环境中进行学习的，外界干扰的存在、视觉与听觉局限、对词汇输入兴趣的不足等，都会导致学习者对输入的未知词汇或已知词汇的未知信息只是获得了一个模糊的印象,而根本没有注意到输入的未知词汇或已知词汇的未知信息,前者是部分注意,后者是没有发生注意,也就没有产生学习。注意意味着学习者真正意识到输入的未知词汇或已知词汇的未知信息。具体来讲,当一个学习者面对未知词汇时,感觉到"我遇到了一个不认识的词";或者感觉到"这是个认识的词,但我好像不知道它在这里的意思或用法",那么说明这个学习者就发生了真正的注意。

(2)判断

当学习者产生注意之后,可以到此为止,也可以继续进行下一步的认知活动,也就是判断是否需要处理遇到的未知词汇或未知信息。在对未知词汇有一个基本的判断之后,学习者会做出相应的处理。如果未知词汇或未知信息极大地影响着对输入的理解,学习者又不能够从上下文中正确推断词义,那么他可以通过第三方工具的帮助来达到理解的目的。但是,在以下两种情况下,学习者可以选择忽略未知信息,也可以选择学习它们。

第一种,未知词汇或未知信息不影响对输入信息的理解时。

第二种,学习者可以从上下文中正确推断出未知词汇的词义或者未知信息时。

(3)加工

当学习者想要学习输入的未知词汇或已知词汇的未知信息时,他们会采用各种方式对目标词进行不同层次的加工。

Craik & Lockhart(1972)的加工层次理论认为,加工从浅加工到深加工有不同的层次。浅加工着眼于词的发音、拼写这种词的表层特征。深加工关注的是意义。深加工比浅加工需要学习者付出更多的注意力、努力和脑力。深化加工较之于浅加工的一个明显的提升方面是细化,即增加与学习任务有关的联想的数量与质量。加工的程度越深,学习的效果就越好。或者说,学习时大脑活动的质量决定了学习的数量。在此,还需要区分有意义加工与机械加工。有意义加工是深加工,有助于掌握词的形式,并且强化词的形式与意义之间的联系。机械加工是浅加工,仅有助于掌握词的形式。以下是学习者进行的一些不同层次的加工方式。

第一，反复朗读目标词或者反复朗读目标词所在的句子。有的学习者还会在纸上重复书写目标词。研究显示，朗读含有生词的句子比不朗读更有利于学习者的记忆。朗读或书写的时候不联想词义，只是机械加工。朗读或书写的同时联想词义是有意义的加工。

第二，查看目标词的一些基本特征信息，如发音、词性、词义、例句以及目标词与其他词的搭配等。有的学习者会将查到的信息写在纸上，不断查看纸上的信息，这在加工深度上又进了一步，有助于更好地掌握目标词。

第三，分析目标词的构造和结构，如分解出目标词的根词部分与词缀部分，这种方式也可以反向操作，即分析一个词是否可以加上某种词缀构成派生词。

第四，采用归类方式对目标词进行加工，如按词形、词性、语义场进行归类。归类其实也是一种建立词与词之间联系的方式。学习者可以将具有相同词缀的词归为一类，或者将既有相同词缀也符合相同规则的词归在一起；也可以按照词性将目标词归类，如将介词或连词列在一起；还可以将与某一概念紧密相关的词放在一起，如将 gymnastics, volleyball, hurdles, play chess, cricket, judo, diving, fencing, wrestling, badminton, golf, hockey, horizontal bar, shuttlecock kicking 等运动术语放到一起。

第五，将目标词与其他词通过以下方式联系在一起：语义联系，即同义词或反义词之间的联系；搭配关系；二语词与母语词之间的联系。

第六，辨析目标词的多个意义与多种用法。学习者首先将某个目标词的多个词义与多种用法罗列出来，配上各种例句，记在纸上。然后，对目标词的各个意义或用法进行深入分析，尤其是注意辨别那些只有细微差异的意义与用法。还可将该词与其他意义或用法相近的词放在一起分析与辨别，这是高水平学习者善于使用的加工方式。

第七,有目的、有意识地使用目标词。学习者对目标词进行一些基本的加工之后,会专门用目标词造句,还会有意识地在二语表达中使用目标词。这也是高水平学习者善于使用的加工策略。

(4)记忆

词汇学习尤其需要记忆。学习者是否成功地学习了某些词汇,最终要看这些词汇是否进入了记忆系统,尤其是进入长时记忆。进入长时记忆的词汇,就构成了心理词典的一部分,可以被学习者熟练、流利地提取与使用。

被注意到的信息首先会进入短时记忆,短时记忆存储的信息在大脑中保留的时间非常短暂,大概只有几秒钟的时间,短时记忆的容量也非常有限,大约为 7 个单位。如果不采取进一步的行动,短时记忆中的信息会很快被忘掉,只有通过复述才能继续维持并且与长时记忆中已被激活的信息建立联系。长时记忆的容量是无限的,长时记忆中的信息可以长久地乃至永久地保存在大脑之中,当出现某些线索时,这些信息可以被激活。

(5)输入

输入是英语词汇习得的先决条件之一。但是,并不是所有的输入都可以产生有效的词汇学习,只有输入符合一定的条件,学习的效果才是最好的。

输入假设认为,输入的信息必须稍微超出学习者目前的语言水平,才有利于二语习得。从词汇的角度来说,输入的可理解性意味着输入中要包含大量学习者认识的词汇,足以使学习者可以充分理解输入。如果输入中含有太多的生词,学习者会因为难以理解而失去学习动力。输入中生词所占的比例不但不能影响对输入的理解,而且应该有助于生词的间接习得。研究表明,可理解输入中生词所占据的比例不能超过 2%,学习者熟悉的词比例至少要达到 98%。

学习者通过接触含有新语言知识的可理解输入,从目前的水平向习得顺序的下一个水平发展。这意味着输入不但要可理解，而且要恰当。输入的恰当性意味着输入中不但要包含大量学习者认识的词汇，还要包含学习者在词汇习得的下一个阶段需要学习的生词。可以通过以下三种途径来确定词汇学习的阶段性：一是了解学习者习得词汇的路径；二是按照词汇在语言使用中出现的频率，从高频率词到低频率词的顺序分段；三是按基础词汇、学科基础词汇和学科专业词汇分阶段，以满足学生的学习需求。

输入除了可理解性与恰当性之外，还要有足够的量，一方面给学习者提供接触大量词汇的机会，一方面给他们提供频繁接触一个词的机会和接触一个词的各种特征的机会。大部分词需要多次接触才能习得，尤其是对于低频词来说更是如此。一个词也需要多次接触，才有可能遇到并掌握它的各种特征信息。

（6）母语的影响

在母语词汇习得过程中，概念和表达方式的学习同步进行。而外语学习者是在已有概念系统外学习一个新的语言符号来表达某一概念。母语与外语的相似度越小，外语学习的困难就越大。母语对英语学习的影响主要体现在以下几个方面。

第一，词法方面。英语具有很多种构词方法，并且英语单词的形态变化多种多样，这也对外语学习造成了障碍。

第二，书写方面。汉语和英语的拼写属于完全不同的体系，学习者可能先在视觉上适应了属于表意文字的汉语，再来学习属于表音文字的英语，再加上阅读习惯的不一致，就可能出现词汇学习上的困难。

第三，语音方面。汉语的语音和英语的语音由不同的符号组成，并且组合方式也大相径庭，因此汉语语音的学习会对英语语音的学习造成一定的障碍。

（7）附带学习

无论是在母语学习还是在英语学习中，大量的词汇都是通过附带学习获得的。附带词汇学习指在不是以词汇学习为目的的语言活动或语言教学活动中习得词汇的方式。这些方式可以包括看各种读物、与人交谈、收听广播节目等。例如,人们在从事旨在获取信息的日常阅读时,人们在进行旨在交际的日常交谈时,可能都会学到单词,那么这种学习就是附带词汇学习。因此,附带词汇学习是以理解或表达为目的的语言活动的伴生物或副产品。可见,附带学习往往是间接的。

附带词汇学习可以是无意识的,也可以是有意识的。如果学习者在从事语言理解与表达活动过程中无意识或下意识地习得了未知词或未知词信息,那么这样的学习是无意识学习。这样的学习是隐性的、不可直接观察的,学习者难以清晰陈述。如果学习者在以理解或表达为目的的语言活动过程中有意识地注意或收集未知词与未知词信息,那么这样的词汇学习是有意识词汇学习。这样的学习应该是显性的、可直接观察的,学习者可清晰陈述。

附带词汇学习的效果取决于一定的条件。第一,学习者要有大量的输入与接触。大量的词汇是通过在各种话语语境中不断接触而逐渐习得的。对于将英语作为外语的中国学生来说,间接词汇学习需要的输入与接触主要来自阅读。第二,输入应当是可理解输入。第三,输入中的目标词汇要恰当间隔地多次出现。第四,也是最重要的条件,学习者在接触这些输入时能够注意到目标词汇并且通过一系列认知活动将这些词汇纳入长时记忆系统。

二、词汇翻译技巧的具体应用

(一)词义的确定与引申

无论是在汉语还是英语中,多义词远远多于单义词,特别是常用的积极词汇的词义在英汉语言中并不是一一对应的,因此译者需要掌握一定的翻译技巧。

1.词义的确定

在翻译过程中,正确地选择和确定词义是译者面临的主要难题之一。任何一个单词，其词义都是由具体语境决定的。我国语言学专家胡壮麟教授（1994）将语境归结为三种：语言语境，即篇章内部的环境；情景语境，即与篇章有关的篇章之外的因素；文化语境，即说话人所处的社会历史背景、文化等。译者必须在充分了解词汇的所有含义的前提下，根据语境来准确地确定词义。

（1）语言语境

语言语境包括同义词、反义词、定语从句、举例、同位语、固定结构和逻辑关系等语境线索。

第一，同义词和反义词语境线索。同义词和反义词是英语语篇中一个重要的、也是非常常见的语境线索。在英语翻译中，译者通常会通过同义词或反义词来确定生词的意义，这一语境线索使用起来非常有效。例如：

Mother was tall, fat and middle-aged. The principal of the school was an older woman, almost as plump as mother, and much shorter.

在上例中，根据句中的语境可以判断，plump 和 fat 都是对"妈妈"和"校长"的体态的描述，而比较结构 as…as 表示的是同义关系，即 plump 和 fat 是同义词，由 fat 的词义可以推断出 plump 的词义为"肥胖的"。英语语篇中的同义关系通常由并列连词 and,or 或并列词组 both…and,as well as 以及比较结构 as…as 等体现出来。

In the house where I grew up, it was our custom to leave the front door on the latch at night. I didn't know if that was a local term or if it is universal.

在本例中，并列连词 or 体现的是反义关系，其连接的两个词 local 和 universal 词义相反。根据 local 的词义（本地的）可以推断出 universal 指的是"不限于本地而适用于所有地方的"，即"普遍的""通用的"。

在英语语篇中反义关系通常由并列连词 or 和 but,短语 instead of,并列词组 not … but … 结构词组 rather than 等体现出来。

第二,定语从句语境线索。从语用功能上来说,定语从句也可以对其前面出现的生词进行解释。因此,当译者不熟悉定语从句前面的生词的意义时,就可以利用定语从句的含义来确定生词的意义。例如:

I found a secluded area where no man or animal could be seen for miles around.

在这个例子中,定语从句"where no man or animal could be seen for miles around"是对 secluded area 的解释,由于该定语从句表示偏僻的、人烟稀少的地方,因此可以推断出 secluded 的词义为"偏僻的""与世隔绝的"。

第三,举例语境线索。从语言学的角度来说,举例实际上体现的是一种上下义关系。在 animals such as cat and dog 中,animal 是 cat 和 dog 的上义词,而 cat 和 dog 就是 animal 的下义词。从语用功能上来说,下义词实际上是上义词的例子,以此来体现上义词的词义。当上义词以生词的形式出现时,译者便可通过下义词判断其词义。例如:

Doctors suggest that everyone should exercise every day, especially those who do sedentary work like reading, typing and sewing.

在该例中,sedentary work 和 reading,typing and sewing 之间就是上下义关系,即 sedentary work 就是诸如"阅读""打字""做针线"等不需要四处走动的工作,由此可推断 sedentary 的词义为"坐着的""不动的"。

第四,同位语语境线索。从其语用功能上来说,同位语是对其前面的词的解释。因此,当译者不熟悉同位语前面的词时,便可以利用同位语的这一语用功能来确定该生词的词义。例如:

The major fault in your composition is redundancy, using more words than necessary to express your idea.

在上例中,using more words than necessary to express your

idea 是其前面的名词 redundancy 的同位语,因此可以据此准确推断出 redundancy 词义为"不简练的"。

第五,more … than 结构语境线索。more … than 结构的一个重要的语用功能就在于体现前后两个事物之间的差异。因此,只要知道其中一个事物的含义,便可以推断出另一个事物或概念的含义。例如:

Suburbs and country areas are, in many ways, even more vulnerable than well-patrolled urban streets. Statistics show the crime rate rising more dramatically in those tranquil areas than in cities.

在上述例子中,more … than 结构共出现两次。在第一个句子中,由城市街道巡防严密(well-patrolled urban streets)可知,城市不易受到犯罪攻击,而郊区和农村的情况不同,因而易于受到攻击。由此,可推断出 vulnerable 的词义为"易受到攻击的""无防御的"。在第二个句子中,tranquil areas 与"城市"不同,城市一般来说较为喧闹,可推断出 tranquil areas 应该是"宁静的地方",所以 tranquil 的词义为"安静的、宁静的"。

第六,逻辑关系语境线索。上下文逻辑关系的语境线索,如因果关系、递进关系、转折对比关系、选择关系等,更加充分地体现了英语语篇在内容和结构上的衔接,对于推测生词词义都有着非常重要的作用。例如:

The lack of movement caused the muscles to weaken. Sometimes the weakness was permanent. So the player could never play the sport again.

在本例中,"选手将再也不能参加比赛"这一结果是永久性的,根据并列连词 so 体现的因果关系可以知道,产生上述结果的原因——肌无力也是永久性的,由此可以推断出 permanent 的词义为"永久的"。

This blood test will show whether you're immune to the disease or easily infected by the disease.

在本例中,根据 whether…or 所体现的选择关系,即后面的两个成分具有相反的意义,可以推断 immune to the disease 和 infected by the disease 意义相反,因此 infect 意为"感染、传染"。

(2)情景语境

情景语境包括时间、地点、话题、语体、感情色彩等,这些因素也影响着词义的确定。

第一,时间。情景语境中的时间是指话语发生的具体时间,极大地影响着词义的确定。例如:

A. He did not do so badly in the night, though, and he has only cramped once.

他昨天夜里还不错,只抽了一回筋。

B. He will not live through the night.

他活不过今天夜里了。

在上面两个例子中,the night 可以指昨天夜里或者今天夜里,译者要根据交际者说话的时间进行翻译,在例句 A 中应为"昨天夜里",在例句 B 中则指"今天夜里"。

第二,地点。语境中的地点是指交际者说话时的地点。同一词语用于不同的地点,往往具有不同的意义。例如:

He didn't know how to begin.

在本例中,如果是在开会或聊天时说此话,可译为"他不知从何说起。"如果是做某事时说此话,可译为"他不知从何做起。"

第三,话题。交际者将同一词语用于不同的话题,可能表达了截然不同的意义。例如:

Some plants do not transplant well.

有些植物不宜移栽。

Marriage had transplanted Rebecca from London to Manchester.

丽贝卡结婚后从伦敦移居到了曼彻斯特。

上述两例中都含有 transplant 一词,所表达的含义却截然不同。

第四,语体。语体就是人们在不同的语言交际环境中所呈现的常用词汇、句式结构、修辞手段等一系列运用语言的特点。语体可分为口语体和书面语体。语体也影响着词义的确定。例如:

A. I'm sorry I couldn't meet you. I was bound up in meetings.

很遗憾,我没能去见你,我当时正忙着开会呢。

B. Senior politicians met today to discuss the future of European economic unity.

各国高级政要今天举行了会晤,共同探讨欧洲经济一体化前景。

例 A 是口语体,用于日常生活交际中,例 B 是书面体,用于正式场合,所以译者将 meet 分别译为"见面"和"会晤"。

第五,感情色彩。就感情色彩来说,汉语和英语中都有褒义词、贬义词和中性词。译者应该根据原文的立场和态度,选用恰当的词义。例如:

All our results are published in scientific journals.

我们的研究成果全部都发表在学术刊物上了。

As a result of this conflict he lost both his home and his means of livelihood.

这场冲突的后果导致他同时失去了家园和生活来源。

上述两例中都含有 result 一词,第一句中的 result 指"研究成果",含有褒义。第二句中的 result 指"冲突",含有贬义含义。

(3)文化语境

文化语境包括民族历史、文化传统、社会规范、风俗习惯以及价值观念等文化方面的因素。当某个词语有多种意义并且具有一定的文化背景时,译者要根据文化语境来确定词义。例如:

I heard through the grapevine that the minister is going to resign.

我听到一个小道消息,首相要辞职。

在本例中,grapevine 的本意是"葡萄藤"。自从人们开始利用电报发送信息后,发现传输信号的电缆线的形状貌似葡萄藤,于是出现了短语 through the grapevine,表示"小道消息、传闻"等。

2.词义的引申

引申是指翻译中为了符合译语的形式和意义,而对原文的词义进行调整。词义的对应是否正确,会直接影响句意对应的优劣。在复杂的翻译实践中,一般都要根据意义的要求在译文中对原文个别词进行必要处理。译者的翻译水平体现在使引申词义与原文词义达到"形离而神合"。引申是常用的词汇翻译技巧,增强了译文的可读性。

(1)名词的引申

But then,because I am a little paranoid and given to private histrionics,I became convinced that I had in fact sustained grave internal injuries,which had not yet revealed themselves.

但是我这人本来就有点偏执,而且还喜欢在私下里杜撰各种故事。所以,我确信自己真真切切地承受了非常严重的内伤,只是还没显露出来而已。

在本例中,histrionics 原指"装腔作势",但是这种意义显然不符合这个特定语境,因此译者将 histrionics 一词进行了从抽象到具体的引申,译为"在私下里杜撰各种故事",就切中了原文的意图。

Every life has its roses and thorns.

每个人的生活都有甜有苦。

在本例中,roses 是指"玫瑰",thorns 是指"刺",如果将 roses and thorns 直译为"玫瑰和刺",就不符合思维逻辑,因此译者对这两个名词的意义进行了从具体到抽象的引申,将其译为二者的属性,即"甜"和"苦"。

(2)形容词的引申

"No,her name is Yvette," she replied and with the briefest

of gazes into my face made it clear that I was the most exhausting idiot that she had encountered in some time.

"不啊,理发师的名字叫伊薇特,"她回答道。同时目光飞快地扫过我的脸,清楚地表明,我是她这一段时间内遇到的超级讨人烦的傻瓜。

在本例中,exhausting 原指"使人疲惫不堪的",但是通过本例的语境明显可以感受到,老板娘觉得主人公的问题很愚蠢、无聊,因此将 exhausting 进行词义引申,译为"超级讨人烦的"。

(3)动词的引申

I don't know how accurate her maps are—they often urge us to go to Michigan or California when we are looking for some place in Worcestershire—but the name that came up on the screen was Bognor Regis.

我不知道她的地图有多精确——当我们在英国伍斯特郡找地点的时候,地图往往会给我们导航到美国的密歇根州或加利福尼亚州。——但是屏幕显示的名字是博格诺里吉斯。

在上例中,urge 原来指"催促""力劝",如果本例使用这一种意义,就让人误以为地图可以实施人的行为,所以把 urge 进行词义引申,译为"导航"。

(二)词性的转换

通过舍弃部分词性的忠实度而实现相对对等,就是词性的转换。并非每一个词语都能在译语中找到词性相同而词义对等的词,只有通过改变源语文本的某种词性才能够更有效地传达出源语文本的准确信息。

1.其他词性到名词的转换

在某些特定情形下,译者将英语动词、形容词、副词转换成汉语的名词,才会实现更好的翻译效果。例如:

The country was founded on freedom and democracy.

这个国家建立的基础是自由与民主。

在本例中,动词词组 founded on 的动作意义比较虚弱,而名词意义较为突出,因此可将其转化为汉语名词"建立的基础"。

The gap between the rich and the poor is widening.

富人与穷人的贫富差距不断扩大。

在本例中,the 与形容词连用指一组名词概念,其名词意义较突出,因此译者将 the rich and the poor 转换为名词。

2. 其他词性到动词的转换

英语多用名词,而汉语常用动词,在英汉翻译时,译者常把英文中的名词、介词等转换成汉语的动词,以符合汉语用语习惯。例如:

It is my conviction that, though men may be no more wicked than they always have been, they seen less likely to be ashamed.

我相信,人们虽然未必比以前还要不讲道德,但似乎要比以前更加不知羞耻。

在本例中,如果直译 It is my conviction,会让人感觉意义不明朗,并且 conviction 作为一个名词事实上有着强烈的动作意义,因此这一情况就为名词 conviction 到动词"相信"的转换提供了条件。

He is very grateful to her help.

他很感激她的帮助。

在本例中,形容词与系动词搭配构成的系表结构可以用来表达一种情感、态度等。首先系动词没有明确的意义,其次形容词具有明显的动作意义,最后汉语中没有系表结构,这三种情况决定了形容词 grateful 到动词"感激"的转换。

3. 其他词性到形容词的转换

Keeping exercise and balanced diet are of great importance to one's health and life span.

保持锻炼和均衡饮食对一个人的健康和长寿非常重要。

本例出现的"be＋of＋名词"名词结构从语用功能上看相当于该名词对应的形容词,因此译者就将 are of great importance 转换为对应的形容词 important,使译文的表达非常顺畅。

The interviewee's performance deeply impressed the interviewer.

面试者的表现给面试官留下了深深的印象。

本例不仅将动词 impressed 转换为名词"印象",还将其副词修饰语 deeply 转换为形容词"深深的",从而合乎了语言逻辑。

(三)词语的增删

1.词语的增补

当原文中无其词但有其意的时候,译者需要增补一些语言成分,方便读者阅读和接受。例如:

(1)I have enough time to read.

我有足够的时间读书看报。

(2)When he had finished washing he began to wipe the basin clean.

他洗完脸后开始擦拭水盆。

在上述两个例子中,如果把例(1)中的动词 read 和例(2)中的动词 wash 只译成"阅读"和"洗",就没有完整地传递出原文的意义,所以在这种情况下需要增加宾语,组成"读书看报""洗完脸"的动宾短语,从而有利于读者理解。英语中需要如此处理的动词还有 sweep,clean,drive,drink 等,在具体的语境中译者需要给它们添加宾语,进而可以表达"扫地""打扫房间""开车""喝水"等意义。

2.词语的删减

所谓删减,指去掉原作中在译者看来读者所不需要的信息内容。这是一种减形也减意的做法,意义随着形式的删减而删减。具体来讲,就是译者在确保信息完整传达的基础上,根据优选原则、经济原则的作用和概念整合的原理,有意省去源语中的某个词语。删减策略既适用于语言层面,也适用于文化层面和文体层面。例如:

Turn back a square foot of the thin turf, and the solid foundation of the land, exposed in cliffs of chalk five hundred feet high on the adjacent shore, yields full assurance of a time when the sea covered the site of the "everlasting hills"; and when the vegetation of what land lay nearest, was as different from the present Flora of the Sussex downs, as that of Central Africa now is.

试向立足处所,掘地深逾寻丈,将逢蜃灰。以是蜃灰,知其地之古必为海。

本例选自《天演论》,其中 solid 修饰的是地基,exposed in cliffs of chalk five hundred feet high on the adjacent shore 描述了该地的具体方位、高度、现状等,译者严复认为这些修饰语都是读者可有可无的信息,出于经济原则,可以删减。另外,由于 the everlasting hills 的所指与前面所删内容是一致的,因此一并删减。第一次减词,第二次、第三次减短语。

第二节　句子翻译技巧

根据认知语言学的观点可知,句子与语言中的其他符号单位一样,建立在认知的基础之上。要想揭示一个句子的意义,译者必须从认知、语义、语用等因素来综合建构。因而,要想使原文句子的意义在译文中得到再现,必须要思考构建句子意义的认知因素,因此可以采用以下两种翻译技巧。

一、调整结构

只有做好了思维和语言的转化，才能达到语言与概念的一致性。在句法结构上，英语的顺序是"主体→行为→行为客体→行为标志"，汉语则是"主体→行为标志→行为→行为客体"，因此在进行英汉句子翻译时，有必要做出结构的调整。例如：

The book needs to be shorter to sell to such a young audience.

要卖给这样年轻的读者，这本书需要再短些。

在本例中，如果译者遵从原文顺序，将其译为"这本书需要更短一点，为了卖给这样年轻的读者。"就不符合汉语的语言逻辑，因此译者进行结构调整，将状语成分提至句首，更符合汉语真实的语言习惯。

Dried fruits are especially high in fiber, as are pulses.

和干豆一样，干果纤维特别高。

在本例中，原句的重心是"Dried fruits are especially high in fiber"，如果译者遵从原文顺序，将其译为"干果的纤维特别高，干豆就是如此。"就将原文的重心放在了前面，不符合汉语句子重心后置的习惯，因此译者调整定语成分 as are pulses 的位置，将其前置。

二、保留焦点信息突出位置

译者必须先明确源语中的焦点信息与背景信息及其关系，再在译语中选取适当的句子结构和表达式。在简单句中，主语为焦点信息，宾语为背景信息；而在复合句中，主句为焦点信息，从句为背景信息。例如：

The table was covered by a purple velvet cloth.

桌上铺着一块紫色天鹅绒布。

　　本例原文中的焦点信息是 the table,背景信息则是 cloth,因此在对原文进行汉译时,仍然要保留"桌子"这一焦点信息的位置,这样才不会导致凸显信息的偏差。

第三节　语篇翻译技巧

　　在翻译英汉语篇时,译者需要特别关注英汉语篇的不同特征。译者要尽量实现译文语篇在内容上的忠实、在形式上的贴切以及在文化上的适应。

一、以评价理论为指导

(一)评价理论

　　将评价理论应用到翻译研究是比较新的视角。评价理论主要是研究语篇中作者表达主观态度的方式,是通过分析语篇中的评价资源揭示隐性的作者态度。评价理论主要包含态度、介入和级差三个系统。

1.态度

　　态度系统分为情感、判断和鉴赏三个子系统。

　　情感通常表明的是与某种相关文化语境的肯定或否定的态度。情感可以变化为个人的情绪,分为积极的或消极的两大类。

　　判断系统是依照各种范畴和规范性准则来对人们的行为进行判断的资源。它可以分为社会尊严和社会制约。前者是正面的,令人羡慕;后者是负面的,会受到批评。

　　鉴赏系统是人们用来对事物的评价。鉴赏系统可分为反应、构成和价值。

2.介入

介入系统调节语言使用者对说出的话或写出的文章的内容做出的责任和义务上的承担。它分为话语收缩和话语扩展两个子集。它是通过对主体间定位的研究来关注作者如何在语篇中通过话语收缩和话语扩展两个子集里的语言资源构建自己的价值立场。表达主体间立场的语言资源包括否认、宣称、引发和摘引。

3.级差

级差系统是用来表达态度强弱的资源,有等级和强弱的区别。级差存在于语篇中所有态度资源和介入资源的中间。它分为语势和聚焦两个子集。

语势系统描述了态度系统和介入系统的性质和数量。

聚焦是用来调整不能有大小或强弱区分的语篇资源。

(二)评价理论在语篇翻译中的具体应用

将评价理论应用到翻译研究是比较新的视角,可以根据语篇中的评价资源来揭示源语作者表层和深层的意义潜势,以及源语作者在以何种态度与其潜在作品中其他声音之间交流的主体间性。通过应用分析评价资源,译者可以清晰掌握源语作者的写作目的,这对于有效把握原文并进行准确翻译是必不可少的。例如:

I thought: something's wrong with these people; they lack thought and dignity. But most of all they seem to lack respect, a sense of awe. Not the awe that can cripple you with a false sense of your smallerness, but the awe that makes you bigger, that makes you reach higher as if in tribute to some unseen greatness around you.

我认为:这些人有点儿不正常;他们缺乏思想和尊严。但说到底,他们缺乏的似乎是尊重,即一种敬畏感。

　　本例节选于对美国总统克林顿的某些做法进行分析的议论文,其中 I thought 是评价系统的介入资源,表达作者态度,同时摒弃了其他反对的观点,译者承认了话语的责任,将其译为"我认为"。另外,most of all 是介入系统在语势中的量,如果直译为"尤其",就无法传达作者极其愤慨的态度,因此译为"说到底"。

二、介绍逻辑连接

(一)显明性与隐含性

　　所谓显明性,是指英语中的逻辑关系是依靠连接词等衔接手段来衔接的,语篇中往往会出现 but,and 等衔接词,这可以被称为"语篇标记"。相反,所谓隐含性,是指汉语语篇的逻辑关系不需要用衔接词来标示,可以通过分析上下文推断与理解。英语属于形合语言,汉语属于意合语言,前者注重形式上的接应,逻辑关系具有高度的显明性,后者注重意念上的衔接,因此具有高度的隐含性。例如:

　　跑得了和尚,跑不了庙。

　　The monk may run away,but never his temple.

　　上述例子中,汉语原句并未使用任何连接词,但是很容易理解,是明显的转折关系。但是,在翻译时,译者为了符合英语的形合特点,添加了 but 一词,这样才能被英语读者理解。

(二)浓缩性与展开性

　　除了逻辑连接上的显明性,英语在语义上具有浓缩性。显明性是连接词的表露,是一种语言活动形式的明示,但是浓缩性并非如此。英语具有独特的思维方式与语言特点,这也决定了表达方式的高度浓缩性,习惯将众多信息依靠多种手段来思考,如果将其按部就班地转化成中文,那么必然是不合理的。汉语中呈现

展开性,即常使用短句,节节论述,这样便于将事情说清楚、说明白。例如:

She said, with perfect truth, that "it must be delightful to have a brother," and easily got the pity of tender—hearted Amelia, for being alone in the world, an orphan without friends or kindred.

她说道,"有个哥哥该多好啊,"这话说得入情入理。她没爹没娘,又没有亲友,真是孤苦伶仃。软心肠的阿米莉亚听了,立刻觉得她很可怜。

上例中,with perfect truth 充当状语,翻译时,译者在逻辑关系上添加了"增强"的逻辑关系。英语介词与汉语介词不同,是相对活跃的词类,因此用 with 可以使感情更为强烈,在衔接上也更为紧密。相比之下,汉语按照语句的次序进行平铺,这样才能让汉语读者理解和明白。

(三)直线性表述与迂回性表述

英汉语言逻辑关系的差异还体现在表述的直线性与迂回性上。英语侧重开门见山,将话语的重点置于开头,然后逐层介绍。汉语侧重铺垫,先描述一系列背景与相关信息,最后总结陈述要点。例如:

Electricity would be of very little service if we were obliged to depend on the momentary flow.

在我们需要依靠瞬时电流时,电就没有多大用处。

上例中的逻辑语义是一致的,都是"增强",但是在表述顺序上相反。英语原句为主从复合句,重点信息在前,次要信息在后,在翻译成汉语后,次要信息优先介绍,而后引出重点信息,这样更符合汉语的表达。

三、再现语用功能

翻译的过程其实就是译者辨别源语文本的功能后,再综合考虑译语的各种因素,并在此基础上再现原文语篇的功能。翻译是遵从译文的语篇属性或特征来反映上述翻译过程的翻译文本。译者在理解原文和产出译文时,都要进行语篇分析,也就是分析语篇语境和语篇形成方式。例如:

Thinking, as we will define it in this book, is a purposeful mental activity. You control it, not vice versa.

思考,正如本书将要对其定义的,是一项有目的的大脑活动,你控制它,而不是它控制你。

在本例中,源语文本是在给"思考"进行界定或者下定义,因此行文非常概括、简洁和抽象,这和汉语语篇下定义的特点有所不同。在翻译时,译语就要遵循汉语语篇下定义的特点,补充原文中缺失的信息并且完善原文中高度抽象的信息。

It is a waste of time for archeologists to dig for proof of lost civilizations, for medical researchers to search for the causes and cures of diseases, for historians to pore over dusty manuscripts for clues to the past, and for students to read textbooks like this one.

对于考古学家,为证明某一消失文明的存在而进行考古挖掘,是一种浪费时间;对于医学研究人员,为探寻病因和疗法而进行的研究,是一种浪费时间;对于历史学家,为追寻历史线索而钻研沾满尘土的手稿,同样也是一种浪费时间;对于学生,学习像这样的教科书,还是一种浪费时间。

在上述例子中,源语语篇通过排比结构的运用,达到了一种增强语气的目的,使得读者对某一事物的认识更为深刻。在进行汉译时,译者也应该将这种整齐的排比结构再现出来,从而不破坏源语语篇的整体性。

第五章　文化翻译理论阐释及应用

正确传达原文意思,追求不同文化之间的和谐互融,是翻译的一个主要目标。但是,不同国家和民族在历史发展过程中形成了不同的文化,这些文化差异给译者的翻译带来了一定困难,使得跨文化翻译信息传递出现了一定程度上的缺失。基于此,深入研究文化翻译的理论及应用十分必要。

第一节　文化及文化翻译观

一、文化

文化的概念极为复杂,其涵盖了世界万物,有物质的也有精神的。

从广义层面上说,文化有三种:一是物质文化,包括所有产品;二是机构文化,即各种各样的体系及相关理论,如社会体系、教育体系和语言体系等;三是精神文化,即人类精神、行为、思想、信仰和价值观等。

在英语中,culture(文化)是一个外来词,其源于德语中的kultur,指土地的开垦、植物的培育和思维的培养,尤其是培养艺术能力、道德素质和天赋。

从跨文化交际的层面说,在20世纪80年代改革开放的初始阶段,人们意识到在与其他国家的文化交流中,文化的不同使得这些交流存在诸多障碍。因为文化差异引起的文化冲突十分常见，各种荒谬的错误造成了交际的失败。这些文化冲突对当时的经济也造成了严重的损失。尽管"文化"一词的界定并不容易，但研究者们竭力对其进行解释，其中有不少人类学家、社会学家、心理学家以及其他学者。著名人类学家马林诺夫斯基（Malinowski）在 *On Culture* 一书中指出：文化是人类身体或者灵魂的习惯，其涵盖了一系列的方法和习俗，能够直接或间接地满足人类的需要，并且其中所有文化要素都是动态的和有效的（李延林，2006）。

可见，不管从广义还是狭义角度说，文化均是一个复杂的概念。狭义的文化强调精神，其主要包括上层建筑、社会习俗与习惯。广义的文化涉及社会的不同方面，具体包括物质文化、社会体系文化和精神文化。此外，文化还有如下几个属性：社会性、时代性以及相似性。

二、文化翻译观

（一）西方学者的文化翻译观

20 世纪 80 年代末期，西方的翻译研究开始向文化层面转移。翻译研究在借鉴文化理论研究的基础上，对翻译定义及过程等进行了全新的阐述。首先，翻译有了新的内涵，其不仅涉及两种语言的转换，还涉及诸多的文化因素。与此同时，翻译现象能用其他学科的方法进行解释，这就是文化研究带来的好处。从文化角度探索翻译研究的问题，使得翻译的方法更为多样，更富有成效。并且，随着翻译研究的不断深入，文化的内涵也得到了深化。翻译研究与文化研究相互借鉴和渗透①，为两个学科的发展均带来了新活力。

英国学者苏珊·巴斯奈特（Susan Bassnett）和美国学者勒弗菲尔（Lefevere）等人充分吸收了西方文化的研究成果，推动了翻

---

① 刘军平.西方翻译理论通史[M].武汉:武汉大学出版社,2009:397.

译研究的文化转向。巴斯奈特从文化因素如何在翻译过程中发挥作用的角度对翻译与文化的关系进行了探讨,并提出了文化翻译观。文化翻译观强调,翻译不是一种纯语言行为,其深深地扎根于文化中,是文化背景中的一种文化交流。具体来说,文化翻译观的核心内容有如下两个。

(1)翻译的实质与目的。巴斯奈特认为:"翻译不仅是一种语言活动,更是一种文化交际活动。"①翻译是文化内部与文化之间的交流。翻译的基本单位不是词、句子或语篇,而是各民族特有的文化。因此,文化翻译观认为,翻译的实质是跨文化信息的传递,是译者用译作再现原作的一种文化活动。对于翻译的目的,即在传递语言信息时进行文化移植,从而使各民族特有的文化得到交流,最终促进各民族之间的交流和沟通。

(2)翻译的基本原则与评价标准。文化翻译观认为,翻译的基本原则是"文化传真"。具体而言,"文化传真"要求译者从文化角度准确地再现原作所要传达的意思、方式及风格,即将原作中的文化信息在译作中忠实地再现出来。文化翻译观还强调,翻译的评价标准和文化有着密切的关系,"翻译不应仅对源语文本进行描述,还应显示源语文本与译语文本在文化功能上的等值"。②文化功能等值即"要使译语读者在译语文本中所获得文化信息的效果,要与源语读者在源语文本中所获得文化信息的效果对等"。③ 也就是说,文化翻译观将源语文本传递到译语文本的文化信息度当作翻译的评价标准。

(二)中国学者的文化翻译观

中国学者对于文化翻译也纷纷表达了自己的观点。

---

① Susan B. , Lefevere A. *Translation*, *History and Culture*[M]. London, New York:Pinter Publisher,1990:8.

② Susan B. *Translation Studies*[M]. London, New York:Pinter Publisher,1991:4.

③ 廖七一. 当代英国翻译理论[M]. 武汉:湖北教育出版社,2001:383.

杨仕章从三个方面对"文化翻译"进行了界定。一是"文化翻译是一种翻译策略"。文化翻译是为了迎合目的语文化,将源语各个层次中涵盖的文化因素转换成目的语中的某种文化信息。这里浅析文化转换与文化移入,文化转换能在一定程度上实现文化对等,而文化植入能获得一个透明文本,可以反映原文的文化特征。二是"文化翻译是一种翻译内容"。文化翻译是以语言为载体的微观变化。文化翻译中的原文语言涉及文化信息与意义,其是一种翻译特性(杨仕章,2006)。此处的文化翻译其实是文化传播。从广义上讲,文化翻译是一种跨文化交流,翻译是文化沟通手段,译者是两种文化之间的中介(蔡平,2008)。文化翻译是在跨文化层面进行转换、沟通和交流。三是"文化翻译是翻译研究的一个领域,其是'文化翻译研究'的简称"。

第二节　文化翻译的原则与策略

一、文化翻译的原则

对于翻译是否有原则或者翻译是否需要一个原则来约束,不同的学者有着不同的见解。赞同"译学无成规"的大有人在,认为"翻译是一门科学,有其理论原则"的也不在少数。在此,笔者站在后面一个队列里,并且谈谈文化翻译的具体原则。

(一)对所译文本有着深度的文化思考

在翻译活动中,应该特别注意对所译文本的研究与思考,关注读者的理解,充分利用副文本的形式,对所译文本进行阐释与解读,向目标读者介绍文本所蕴含的文化特质与价值。对于副文本的价值,翻译界有过很多探讨,如高方就特别指出副文本对作家、作品进行介绍,或对社会文化背景、社会文化差异加以分析,或对翻译障碍、理解难点进行讨论,对读者理解作品具有很大的启发。这要求一名译者有广阔的文化视野与人文情怀,心中有读者的期待。

(二)具备文化交流的意识

在新的历史时期,精神文明被提到了更突出的位置。译者作为文化传播的桥梁,在全球化的今天,应该拥有清醒的文化意识。经济全球化和文化全球化相当于一个人的两条腿,我们应该用两条腿走路,否则就不是一个健全的人。西方文化中的流弊,需要通过学习中国文化来克服,这也是西方有志之士转而向中国文化寻求智慧的动机所在。不同民族语言文化之间的交流,是一种需要。任何一个民族想发展,必须走出封闭的自我,只有在和其他文化相互碰撞、相互融合的过程中,自身才能得到发展。而在这样一个过程中,翻译始终起着重要的作用。译者不仅要把外国的先进文化引入中国,也要把中国的先进文化传播到国外。中国文化走向世界,为的是丰富世界文化。要维护文化的多样性,使世界文化之水不断流动,使社会不断地良性发展,甚至于维护世界和平,需要译者在翻译活动中保持包容的态度。

二、文化翻译的策略

如何处理翻译中的跨文化障碍是文化翻译的一个重要问题,适合的翻译策略会使文化翻译变得更简单。文化翻译策略中比较有影响力的是"归化"和"异化"。但是,在具体的翻译活动中,我们要灵活使用这两种策略,当然也可以综合使用。

(一)归化策略

归化翻译存在自身的优越性,适度地使用归化策略利于译文的通畅和读者的理解。由于译者不可能完全贯通另一种截然不同的异域文化,因此译文会在一定程度上被灵活处理,加以变通。

并且,归化翻译策略有效避免了文化冲突,可以使读者轻松顺利地理解译文。归化翻译策略主要以译入语为基石,力求使译文在遣词造句、表达方式和文体风格等方面均与译文读者的阅读习惯及文化思维相符,使读者可以不用花费大多精力就能得到很好的理解,获得最佳的语境效果。例如:

The stepmother of Snow White's is very hard on her like a real Dragon.

白雪公主的继母对她非常苛刻,像个恶魔一样。

对于此例,译者应译好 a real Dragon,因为 dragon 在英汉文华中所代表和象征的意义不同。在中国的神话传说中,龙是中华民族的象征、古代帝王的标志。但在西方文化中,dragon 是长着鹰爪和鹰翅、狮子的前脚和头、鱼鳞、羚羊角以及蛇尾、口中吐火的大怪物,其被看成恶魔的化身。可见,dragon 在中西方文化中有着截然不同的意义。再如:

An hour in the morning is worth two in the evening.

一日之计在于晨。

Love me, love my dog.

爱屋及乌。

Diamond cuts diamond.

棋逢对手。

To grow like mushrooms.

雨后春笋。

Seeing is believing.

眼见为实。

归化翻译能使读者产生一种亲切感,读起来舒畅自然。例如,"鸳鸯"如果译为 lovebird 就能给英语读者带来情侣相亲相爱的联想,而译作 Mandarin Duck 则没有这样的效果。再如,将"初生牛犊不怕虎"译为"Fools rush in where angels fear to bead",就采用了英语读者的语言风格,显示出向英语读者靠拢的迹象,这样能够更好地被英语读者所理解。类似的例子还有很多。例如:

五光十色 colourful

画蛇添足 to draw a snake and add feed to it

贪官污吏 corrupt official

狼吞虎咽 wolf down

卫老婆子叫她祥林嫂,说是自己母家的邻舍,死了当家人,所以出来做工了。

Old Mrs. Wei introduced her as Xianglin's Wife, a neighbour of her mother's family, who wanted to go out to work now that her husband had died.

译者将"当家人"译为 husband,失去了原文浓郁的地方称谓色彩,但保持了小说中两个重要人物的正确关系。

尽管采用归化翻译策略能准确地表达原作者的意图,但在运用这种策略的同时无法使原文的文化属性、魅力得到较好的呈现。假如仅注重将 dragon 归化为 tiger,那么外国读者永远不会知道"龙"在汉语文化中的形象地位,从而阻碍读者对事物的理解和学习。从跨文化交流的层面说,归化翻译策略强调翻译价值的实用性,较为轻视对源语文化价值和魅力的展现效果,对语言文化交流价值的相互借鉴作用发挥得不够,为建立不同文化之间的理解、融合渠道带来了一定障碍。

(二)异化策略

早在 19 世纪,德国哲学家施莱尔马赫(Schleiermacher)就指出,译者应尽可能不惊动原作者,让读者向其靠拢。美国翻译学家韦努蒂(Venuti)作为异化翻译的代表人物,提出了"反翻译"的概念,指出异化是一种对当时社会状况进行文化干预的策略。异化可以理解成基于源语文化,译者将读者引入原作中,并且运用一定修辞手法和语言特色加深读者理解,有意打破目的语的常规,保留原文异国情调以及色彩的翻译策略。从一定程度上说,翻译不仅是语言形式的转换,更是文化上的交流。在翻译实践中,运用异化策略,将源语的文化特色嵌入目的语中,能更好地丰富目的语的内涵,并且扩充目的语的文化形式。与归化策略不同的是,异化打破了目的语语言及语篇规范,为了保持源语的特色,在必要的情况下恰当选择不通顺、晦涩的文体。运用异化策略,可以为读者提供前所未有的阅读经验。此外,韦努蒂强调,译文是由本土文化材料组成的,像归化翻译那样,异化翻译仅是一种翻译策略。

在跨文化交流中,异化翻译策略发挥的作用是不容忽视的,其可以增强读者对异国文化的了解,丰富和发展译语的积极效应。贝尔曼(Bellman)等学者主张,在翻译中要保留原作的文化异质与异域痕迹,通过借词或者造词进行创造性的移植。从一定程度上说,异化翻译策略也是一种文化创新行为,其充满了挑战,利于推进人类社会文明的丰富多样。例如:

crocodile tears 鳄鱼的眼泪

Valentine's Day 情人节

all roads lead to Rome 条条大路通罗马

an olive branch 橄榄枝

internet 因特网

gene 基因

jacket 夹克

blue print 蓝图

talk show 脱口秀

vitamin 维生素

fastfood 快餐

Falstaff:What,is the Old King dead?

Pistol:**As nail in door.**

福斯塔夫:什么!老王死了吗?

比斯托尔:死得直挺挺的,**就像门上的钉子一般。**

太极拳 tai ji quan

台风 typhoon

豆腐 tofu

阴阳 yinyang

中国武术 Kungfu

风水 Fengshui

蹦极 bungee

时间就是金钱 time is money

象牙塔 ivory tower

洗手间 wash hands

君子协定 gentleman's agreement

这低沉的声调在有些委员的心里不啻是爆炸了一颗**手榴弹**。

（蒋子龙《乔厂长上任记》）

His words dropped like a **bombshell.**

当然,异化翻译策略也存在一定的缺陷。源于不同的主客观条件的差异,中西方形成了不同的历史文化、价值观念、自然地理、思维方式及风俗习惯等,同一个事物在中西方文化背景中有着不同的文化内涵和情感价值。例如,中国文化中的"松""鹤""梅""竹",向我国读者输出的直观、深度信息与外国读者的直观、深度信息以及引起的情感互动效果之间就存在显著差异。在对这些文化的差异性进行异化翻译时,需要加一些注解,这就增加了读者的阅读负担,给读者的阅读带来了一定障碍,甚至导致读者对所读内容产生误解。长期下去,读者很容易降低对译文的阅读兴趣。

(三)文化调停策略

当运用归化翻译策略和异化翻译策略均无法解决翻译中的文化问题时,译者可以运用文化调停策略,即省去部分或者全部文化因素不译,直接翻译原文的深层意思。文化调停策略的优势是保证译文通俗易懂,更具有可读性。但是,这种翻译策略也存在一个明显的缺陷,即无法保留原文文化意象,不利于文化的沟通与交流。例如:

...What a comfort you are to your blessed mother,ain't you,

my dear boy,over one of my shoulders,and I don't say which!

(Charles Dickens:David Copperfield)

译文 1:你是你那幸福的母亲多么大的安慰,是不是,我亲爱的孩子,越过我的肩头之一,我且不说是哪一个肩头了!

(董秋斯 译)

译文 2:你那位有福气的妈妈,养了你这样一个好儿子,是多大的开心丸儿。不过,你可要听明白了,我这个话里有偏袒的意思,至于是往左偏还是往右偏,你自己琢磨去吧。

(张谷若 译)

在翻译该例时,董秋斯先生有意追求对原文的异化,尽管保持了与原文的对应,但会令汉语读者感到一头雾水。而张谷若先生运用了文化调停策略,将原文的内在含义表达得十分清楚,为汉语读者扫清了理解障碍。

刘备章武三年病死于白帝城永安宫,五月运回成都,八月葬于惠陵。

Liu Bei died of illness in 233 at present-day Fengjie Country, Sichuan Province,and was buried in Chengdu in the same year.

尽管原文句子较短,但其蕴含的文化因素较为丰富,出现了古年代、古地名。显然这些词的翻译是不能运用归化策略的,因为在英语中无法找到替代词。如果用异化策略全用拼音译出或者加注释,会使译文看起来十分烦琐,读者也会难以理解。因此,译者牺牲了部分文化因素,选择文化调停策略,增强了译文的可读性。[①]

第三节 文化翻译的具体应用

一、习语文化与翻译

习语也称"熟语",其主要涉及成语、典故、谚语、格言、俗语和

---

① 兰萍.英汉文化互译教程[M].北京:中国人民大学出版社,2010:70-72.

歇后语等,是在意义和结构上均较为稳定的一种语言。因为中西方在地理环境、历史文化、风俗习惯等方面的差异,使得英汉习语形成了不同的文化特色和文化含义。对中西方文化差异的准确处理决定着习语翻译能否成功。

(一)中西方习语文化差异

中西方习语文化的差异集中体现在三个方面:地域文化、历史文化和习俗文化。

1.地域文化与习语

地域文化是指不同区域的文化。语言存在于一定的空间地域,其不可避免地要反映该地域的自然面貌特征。地域的不同,使得各地在自然景观、气候、生态环境等方面也存在差异。这一文化特征反映在语言上,如用自然景观或者物体做比喻时,语言之间就出现了明显差异。英国是一个岛国,航海业十分发达;汉民族主要生活在亚洲大陆,人们的生活与土地有着紧密的联系。当比喻花钱大手大脚时,英语会用 spend money like water,而汉语则用"挥金如土"。因为英国是一个典型的海洋国家,所以很多习语都与海洋、船只、水手有关。例如:

all at sea 不知所措

cast/lay/have an anchor to windward 未雨绸缪

to rest on one's oars 暂时歇一歇

中国西部遍布大量的高山,东侧临近大海,所以汉语的文化中有"西风凛冽""东风送暖"之辞。例如,马致远的"古道西风瘦马,夕阳西下,断肠人在天涯"(《天净沙·秋思》)。

2.历史文化与习语

历史文化是指由特定历史发展进程、社会遗产的沉淀而形成的文化。典故就与历史文化有着紧密联系,它也是民族文化的瑰宝,其蕴含着丰富的历史文化信息,最能体现不同历史文化的特点。在英汉语言中,形成了大量源自典故的习语,这些习语结构简单,意义深远,一般不能按字面理解和翻译。

3.习俗文化与习语

习俗文化是指贯穿于日常社会生活、交际活动中由民族的风俗习惯形成的文化。在英语文化中,horse 只是一种动物,属于中性词,这与不列颠民族的历史和风俗习惯有关。英国是一个山小地狭的岛国,在历史上 horse 对人类生活发挥的作用不大,英语中带有 horse 的习语不是很多。例如:

eat like a horse 吃得非常多

work like a horse 辛辛苦苦地干活

horse around 捣蛋、哄闹

相反,中国人对"马"有着特殊的情感,因为不管在农耕中还是战争中,马都为人们做出了巨大贡献。于是,汉语中带有"马"的习语非常多,并且多具有褒义色彩。例如:

万马奔腾

老马识途

(二)习语文化的翻译

在对习语文化进行翻译时,主要可以采用两种方法:直译和意译。当然,在特殊情况下还可以使用直译加注、增译的方法。当翻译一些在英汉语言中完全对应的习语时,即喻体、喻义完全相同时就可以采用直译法。例如:

a rolling stone gathers no moss 滚石不生苔

a stitch in time saves nine 一针不补,九针难缝

to save one's face 保面子

用直译法翻译习语,可以最大限度地保留原文的字面意义、形象意义和隐含意义,也能保留原文风格,最重要的是易于读者理解。

有些含有典故的习语也可以采用直译法进行翻译,但需要添

加注释，以免使读者感到莫名其妙。例如：

东施效颦 Tung Shih imitates His Shih（His Shih was a famous beauty in ancient Kingdom of Yueh. Tung Shih was an ugly girl who tried to imitate her.）

（杨宪益　译）

受文化因素的影响，一些英语习语中的个别形象和比喻难以甚至无法找到形意兼顾的对应汉语。由翻译等值论可知，译语对译语读者产生的效应应该相当于源语对源语读者所产生的效应。因此，我们在翻译时应把握源语的整体效应，不可一味地拘泥于表层结构。英汉语言中形意均对应的习语并不多，这就需要我们在翻译时进行变通、转换，在归化和异化之间保持平衡。例如，as merry as a cricket 这一习语，其中的 cricket 在英汉语言中有着不同的文化内涵。在英语文化中，cricket 的形象是愉快、欢乐的。但在中国文化中，"蟋蟀"总让人联想到忧伤凄凉。因此，该习语可以译为"快活如喜鹊/山雀/神仙"。再如，"热锅上的蚂蚁"这一习语，其在汉语文化中表示"焦急而狼狈"，而英语习语 a cat on hot bricks 中的形象是一只在炽热的砖头上行走的猫，痛苦而狼狈，二者的意义不谋合而，仅喻体不同，翻译时只需更换形象即可。

包含典故及专名的习语一般可以采用意译法。虽然一些习语用直译法翻译并不会出现文化上的冲突，但可能出现语用失误，使译文读者难以理解其真正含义。因此，在翻译过程中，译者应该先按照原文的语气、风格直译原文的字面意义，之后附加一些能起画龙点睛作用的词语，指出习语的隐含意义，使译文生动形象，体现原文的风格与韵味。例如：

得陇望蜀 covet Sichuan after capturing Gansu—have insatiable desire or ambitions

一个和尚挑水吃，两个和尚抬水吃，三个和尚没水吃。

One monk, two buckets; two monks, one bucket; three

monks, no bucket, no water-more hands, less work done. ①

二、饮食文化与翻译

(一)中西方饮食文化差异

在饮食文化上,中西方主要体现了如下三个方面的差异。

(1)饮食观念上的差异。西方人对吃特别重视,但是在吃的重要性与美味上与中国的饮食相差甚远。对于西方人来说,饮食是生存的必要手段,也可以说是一种交际手段。因此,即便他们的食物比较单调,为了生存,他们也会吃下去。另外,为了更健康地活下去,西方人对于吃的营养非常关心,讲究搭配的营养度,注重食物是否能够被身体吸收。这体现了西方人理性的饮食观念。

中国人讲究"民以食为天",因此对于吃是非常看重的,将吃饭视为比天还重要的事情。这在人们生活的方方面面都有所体现。例如,中国人见面打招呼都会说"吃了吗"。

中国人特别看重吃,也爱吃,所以在很多场合都会找到吃的理由,如婴儿出生要吃饭,过生日要吃饭,升学、毕业要吃饭,结婚也要吃饭等。一个人出了远门要吃饭,叫饯行;一个人归家也要吃饭,叫接风。除了喜欢吃,中国人还非常注重吃的场合,强调吃得是否美味。对于美味的追求,中国的烹调几乎达到了极致,这也体现了中国食物的独特魅力。中国烹饪讲究各种配料、佐料的搭配,只有做到五味调和,才能称为美味的佳肴。这体现了中国人感性的饮食观念。

(2)饮食对象上的差异。在饮食对象上,西方人以肉类或者奶制品为主,较少食用谷物。这是因为西方以畜牧业为主,种植业较少。西方人的饮食热量高、脂肪多,他们特别喜欢原汁原味的食物,目的是更好地汲取其中的营养。西方人的食材虽然富有

---

① 武锐.翻译理论探索[M].南京:东南大学出版社,2010:132-134.

营养,但是种类较为单一,制作上也非常简单,他们这样吃的目的不在于享受,而是生存与交际。可见,这也是西方理性哲学思维的展现。中国人的饮食对象与中国的地域环境有直接关系。中国主要以种植业为主,畜牧业占小部分,因此中国人的饮食多为素食,较少食用肉类。当然,随着国民经济的迅速提高,人们生活水平得到了巨大改善,所以食物的种类也越来越多,可以选择各种肉类。

(3)饮食习惯上的差异。西方人认为,吃只是为了维持身体能量所需,是为了生存与交际,所以形成了如今的分餐制。西方的宴会一般都是为了交流彼此的情谊,所以宴会的布置非常优雅、温馨。西方人对于自助餐非常钟爱,食物依次排开,大家根据自己的需要索取,选择自己喜欢的食物,这方便大家随时走动,也是促进交往的表现。

中国人的饮食习惯是不论什么形式的宴会、出于什么样的目的,多数为圆桌而坐,所有的食物无论是凉菜、热菜、甜点等都放在桌子中间。同时,中国人会根据用餐人身份、年龄、地位等分配座位,在宴席上人们也会互相敬酒、互相让菜,给人以安静、祥和之感。

(二)饮食文化的翻译

1.西方饮食文化的翻译

对于西方菜肴的翻译,人们的看法各不相同。有的人认为应该用汉语中对应食品名称翻译西式食品。例如,sandwich 译为"肉夹馍",hamberg 译为"牛肉饼"。有的人则认为这种译法十分不妥,翻译西方菜肴时应尽量保持其"洋味",反映西方的饮食文化。因此,多数西方菜肴都可以采用意译＋音译的方式进行翻译。例如:

ham sandwich 火腿三明治

potato salad 土豆沙拉

shrimp toast 鲜虾吐司

vegetable curry 蔬菜咖喱

vanilla pudding 香草布丁①

2.中国饮食文化的翻译

由于中西方饮食文化存在较大差异,因此在向西方宾客介绍中国菜肴特别是菜名时,应该采用正确的方法,把握菜肴命名的侧重点,使外国宾客对中国菜肴本身及文化一目了然。

(1)以形象手法或典故命名的菜肴的翻译。中国有很多用形象手法或典故命名的菜肴,在对其进行翻译时,应该将菜肴的本质加以还原,力求能够将其原料、做法等都翻译出来,且兼顾修辞方式。

例如,为了取吉祥的寓意,中国菜名常会借用一些不能食用的物品,如"翡翠菜心"。显然"翡翠"是不能食用的,是蔬菜艺术化的象征,因此在翻译时应该将"翡翠"省略掉。又如,"麻婆豆腐"这道菜是四川地区的名菜,传闻是一个满脸长麻子的婆婆制作而成的,但是西方人对这一典故并不了解,因此翻译时不能直译为 a pock-marked woman's beancurd,而应该以这道菜味道的特殊性作为描述重点,便于译入语读者理解,可以翻译为 Mapo tofu stir-fried tofu in hot sauce—the recipe is attributed to a certain pockmarked old woman。

(2)以烹饪方法命名的菜肴的翻译。在中国饮食文化中,烹饪方法居于核心地位,根据烹饪方法进行翻译并表达出来,有助于译入语读者了解中国菜肴的文化内涵。例如,"干煸"是将原料进行油炸,之后捞出来,加入少许油再进行翻炒,直至炒干后起锅。在翻译"干煸牛肉丝"这道菜时,可以尝试在西方已有的烹饪方法中找到与"干煸"类似的表达,如"烤干、烘干""煎"等。根据其制作过程,可以将其翻译为 sauted beef shreds。

---

① 白靖宇.文化与翻译(修订版)[M].北京:中国社会科学出版社,2010:196.

（3）以特殊风味命名的菜肴的翻译。在中国菜肴中，很多菜肴是凭借味道广为流传的。因此，在翻译时需要考虑这些特殊的风味，除了需要将原料展示出来，还需要将其风味特色展现出来。例如，"鱼香肉丝"是四川的一道非常具有独特风味的菜品，其与"鱼"并没有关系，而是通过作料的搭配烹饪的一种具有鱼香的菜品。因此，在翻译时不能翻译成 fish-flavor shredded pork，而应该翻译为 stir-fried pork shreds in garlic sauce。

（4）以特色命名的菜肴的翻译。中国饮食文化具有悠久的历史，加上原材料与烹饪方法非常丰富。很多菜名都是独一无二的，因此在翻译这类菜名时，往往需要进行迁移处理，即采用音译的方式。例如：

汤圆 Tangyuan

馄饨 Wonton

饺子 Jiaozi

包子 Baozi

馒头 Mantou

锅贴 Kuo Tieh

炒面 Chow Mein

三、色彩文化与翻译

（一）中西方色彩文化差异

1. red 与红

red 与鲜血的颜色是一样的，所以鲜血在西方文化中象征着"生命之液"，如果鲜血流淌出来，就意味着生命将会凋谢。由此，red 就有了危险、暴力的含义。也正因如此，著名翻译家霍克斯由于知道 red 有这层含义，因此在他的《红楼梦》译作中并没有把名字中的"红"翻译成 red，而是采用了《石头记》这一曾用名，即翻译

成 *The Story of the Stone*。

另外,"红"会给人带来厌恶与忧愁之感。例如:

red district 红灯区(指代城市中从事色情活动的地方)

red-tape 官僚作风(指的是办事拖拉、手续烦琐、不讲究效率)

red-neck 乡巴佬(指的是美国南部地区的红脖子人群)

Red Brigade 红色旅(指恐怖组织,专门从事破坏、暴力、抢劫、杀人等活动)

在中国人眼中,红色代表着高贵,这源自中国古人对日神的崇拜。太阳从东方升起,火红的颜色与高温带给中国古人神秘之感。因此,在古人眼中,红色是值得崇敬的。

在汉语中,"朱红"一般是身份地位显赫的代表,如达官贵人住的地方是"朱门",穿的衣服是"朱衣"。

另外,红色有忠诚、喜庆、兴旺、温暖的含义,如传统婚礼中的红蜡烛、红盖头,戏曲中的红色脸谱等。可以看出,在中国文化中,红色是受人们崇尚的颜色,其是中国人物质与精神追求的体现。这也给红色带来了很多褒义的色彩。例如:

红火(生意热闹、繁华、兴旺)

走红(人的境遇逐渐变好,或者生意逐渐顺利、成功)

红人(得到上司欣赏和宠信的人)

分红(合作做生意而得到的经营利润)

红装(女子穿着盛装)

红颜(女子较好的容颜)

2. white 与白

对于 white,西方人除了用其表达真正意义的"白",还将其化身为高尚、纯洁、吉利、公正的代名词。在西方人眼中,白色是令人崇拜的颜色。

正是由于白色象征着纯洁、光明、和平、善良等,因此英语中有很多与 white 相关的表达。例如:

Snow White 白雪公主,是善良、聪明的化身

white handed 正直的人

white soul 心灵纯洁

white man 高尚的人

white wedding 穿着白色婚纱的婚礼,主要是新娘的装束

white sheep 白色的绵羊,指善良、美好的东西

当然,white 并不完全用作褒义,也可以用作贬义。例如:

white hot 愤怒的,不是指代白热

white feather 懦弱,不是指代白色的羽毛

white faced 脸色苍白的,不是表示皮肤是白色的

在汉语文化中,白色有着不吉祥的寓意,如"白事"就是丧事的意思。一般在办丧事的时候,家里人会贴上白纸、戴上白帽、穿上白衣,以表达对逝去之人的尊重与悼念。白色还有其他的寓意。例如:

白虎星(旧时候的一种迷信,即给人带来祸患之意)

白干(费力不讨好,或者出了力未收到明显的效果)

白区(非常腐败与反动,也是落后的代名词)

除了这些贬义含义,白色也有着褒义的一面。由于白色代表着明亮、干净,因此人们形容一个人纯洁时常说"洁白如玉"。白色还有光明、善良的意思,因此人们称医院的医生、护士为"白衣天使"。

3. black 与黑

在西方文化中,black 象征着魔鬼与不幸,因此 black 在西方人的眼中是一种禁忌颜色,出现这一颜色,就意味着灾难即将到来。例如:

blackmail 敲诈

black words 不吉利的话

black death 黑死病

black sheep 败家子

black Man 恶魔

此外，black 有愤怒的意思。例如：

a black look 怒气冲冲地看着

black in the face 脸色铁青

在中国古代，黑色是尊贵的代表，也是铁面无私、阳刚正义的化身，这里的黑色蕴含着褒义的色彩。尤其在戏剧脸谱中，黑色脸谱象征着憨直与刚正不阿。

另外，由于黑色本身有黑暗的意思，因此其有贬义含义，是恐怖、阴险的代表。例如：

黑心肠（阴险毒辣的人）

黑名单（持有不同政见的人的名单）

走黑道（干违法的勾当的人）

黑店（干杀人越货勾当的人）

黑市（进行非法交易的地方）

黑钱（利用非法的手段获得的钱财）

4. yellow 与黄

在英语中，yellow 具有忧郁、猜忌等含义，也有着胆小、卑鄙的意思。例如：

yellow streak 卑怯、胆小

yellow looks 多疑的神色、阴沉的神色

yellow dog 卑鄙的人、卑劣的人

此外，yellow 有无文学价值、趣味低级的意思。例如：

yellow press 黄色报刊

yellow back 廉价的小说

在汉语中，黄色的意义很丰富，且非常重要。在古代，黄色是五个正统颜色之一，因为黄色意味着大地的颜色，所以代表的是一种尊贵的权力。也就是说，黄色一般为古代君王所有，是中央政权的集中。普通人是不能随便使用这一颜色的。例如：

黄袍（皇帝的衣服）

黄袍加身（政权变动）

皇榜（皇帝颁发的诏书）

黄马褂（皇帝赐给朝臣的官服）

除了具有尊贵之意，"黄"还有幼儿、婴儿的含义，如"黄口小儿""黄毛丫头"。

5. green 与绿

在英语中，green 的基本含义为茂盛的草木的颜色，寓意青春与和平。但 green 还有着其他丰富的内涵，具体体现在如下几个方面。

（1）象征眼红与嫉妒。例如：

green-eyed monster 妒忌

green as jealousy 嫉妒，十分嫉妒

（2）象征精力旺盛、朝气蓬勃。例如：

a green old age 老当益壮

green shoots 茁壮成长的幼苗

in the green 正值青春

（3）象征生疏的、新手的、没有经验的。例如：

green hand 新手

green horn 无经验的，易受骗的

在汉语中，绿色不仅代表生机与希望，还代表生态与环保。此外在中国古代的著作中，很多人都用"绿"指代年轻的女子。例如：

绿媛（年轻的女子）

绿窗（年轻女子的住所或闺阁）

绿鬓（光亮、乌黑的鬓发，也可指代年轻的容颜）

同时，在中国古代，颜色与阶层有关，是政治身份的代表。例如，唐朝时期，着紫色服装的为三品以上官员，着深绯色衣服的为四品官员，着浅绯色衣服的为五品官员，着深绿色衣服的为六品官员，着浅绿色衣服的为七品官员，着深青色衣服的为八品官员，着浅青色衣服的为九品官员。

近年来，由于资源浪费、环境污染严重，生态出现了失衡的情况，人们越来越关注人与自然的和谐相处。因此，绿色也成为无污染、环保、可持续发展的代名词，如"绿色食品""绿色家电""绿色能源""绿色出行""绿色奥运""绿色包装""绿色消费"等。

当然，"绿"并不是都具有褒义色彩，其也存在着一些贬义色彩，如表达幼稚、卑贱的意思，但只是占少数而已，如"绿帽子""愣头青"等。

6. blue 与蓝

英语中的 blue 含义非常广泛。一般来说，blue 可以用来指代忧郁、不快乐的心境。例如：

a blue Monday 沮丧难过的星期一

a blue fit 气愤、震惊，对……不满意

in a blue mood 低沉的情绪

英语中的 blue 还可以用于表示权势与地位，是贵族与王室的代名词。例如：

a blue moon 难得的机会

blue blood 贵族血统

blue-eyed boys 受优待的员工

另外，blue 在经济用语中十分常见。例如：

blue-sky law 蓝法

blue chip 热门政权

blue-sky market 露天市场

汉语中，关于"蓝"的解释并不多，一般指的是天空或大海的颜色，引申含义为心胸广大、心旷神怡，是对未来美好的一种憧憬之情，如"蓝图"。

（二）色彩文化的翻译

经过对上述中西方色彩文化的比较可以看出，英汉语言中的色彩词的象征意义和感情色彩有着较大差异。因此，在翻译时译

者应选用恰当的翻译方法,努力再现原文中的色彩文化。常用的色彩词的翻译方法有以下几种。

(1)直译法。如果英汉颜色词在词义上是相同的,就可以采用直译法进行翻译。例如:

The very dust was scorched brown, and something quivered in the atmosphere as if the air itself was panting.

连那尘土都被炙烤成褐色,大气中似乎也有什么东西在颤抖,仿佛空气本身也在气喘吁吁。

(2)改换色彩词。如果一种颜色词在两种语言中分别被不同的颜色词所指称,在翻译时可根据译入语的表达习惯,用读者熟悉的色彩词改换原文的色彩词。例如:

His face became blue with cold.

他的脸冻得发青。

(3)意译法。意译法是指冲破语言的外壳,通过对原文深层意蕴的理解与消化,将原文的表层结构打破与重组,自然流畅地将其真正的含义转化为译文。例如:

红豆 love pea

He is a blue-blooded man.

他出身贵族。

有时,在一种语言中色彩词与色彩有关,但在译成另一种语言时没有对应的色彩词,此时可以采用意译法进行翻译。例如:

白菜 Chinese cabbage

青肿处 sore

红粉佳人 a gaily dressed beauty

红叶题诗 a happy match is fixed by heaven

a red-letter day 特别高兴的日子

green thumb 园艺技能

to be born in the purple 生于帝王显贵之家

多数时候,色彩词与色彩无关,如 blue sky 可以表示股票不可靠、好高骛远和不切实际。同样,"He clenched his fist and went very red."表示"他握紧了拳头,变得非常生气。"在汉语中,"白"还有"无代价,无报酬,空的,未添加他物"等引申意义。在翻译这类色彩词时,就可以采用意译法。例如:

白吃 eat without pay

白开水 plain boiled water

白字 wrongly written or mispronounced character

Public welfare was described by some people as "Bleeding the country white".

一些人把公共福利事业说成是"在使国家流尽鲜血"。

The child screamed blue murder, but his mother didn't change her mind.

孩子大声惨叫,但是他母亲还是不改变主意。

第六章　文学翻译理论阐释及应用

文学是一种语言艺术的体现,也是人类的一项重要的精神活动。文学翻译是实现文化交流的一项重要途径,通过文学翻译,人们可以阅读其他国家的文学作品,了解其他国家的文化,进而实现跨文化交流。但因文学本身内涵丰富、博大精深,实现对文学作品的完美传译十分困难,需要深入了解文学翻译的理论知识,并不断进行翻译实践。本章将对文学翻译理论及应用进行探究。

第一节　文学语言及文学翻译

文学是语言的艺术,语言是文学的第一要素,又是文学作品审美价值生成的重要条件。文学语言对于文学作品而言至关重要,文学翻译也是基于文学语言进行的。本节将对文学语言与文学翻译的基础内容进行说明。

一、文学语言

(一)文学语言的内涵

文学语言是指文学作品中所使用的、体现文学审美特性的、具有特色的语言。文学语言本质上是一种"艺术语言"(即艺术符号),它是在日常语言的基础上,对普通语言文字的声音、形体、意义等审美特性的运用、加工与升华。巴赫金曾指出,日常语言一且进入文学作品后,便与原本的现实话语失去了直接的联系,获得了特殊的性质。

文学不能离开语言,离开了语言,文学也就不复存在。首先,语言是文学得以存在的基本方式,是文学文本得以体现的基本形式,没有了语言,也就不可能有文学。对此,高尔基就曾指出:"文学就是用语言来创造形象、典型和性格,用语言来反映现实事件、自然景象和思维过程。"[①]其次,作家的思想、情感等只有通过文学性语言才能展现出来。作家是借助语言来表现和反映客观世界的,是通过语言来实现艺术追求的。最后,读者对文学作品的欣赏也始于语言。读者要先通过文学语言的阅读和理解,才能体会和接受文学的意蕴。

文学语言符号本身也是一个完整的世界,它由四种要素构成,即语音、词汇、句子、语调。

语音是语义的物质载体,很多作品的韵味都是通过语音来进行传递的。因为声音本身有着一定的美学效果,所以很多作家和诗人都非常注重对语音的运用。文学语言的语音美主要体现在韵律、声调、节奏等方面。和谐的韵律、悠扬的声调、鲜明的节奏使得文学语言极富美感。但不同的文体对语音美有着不同的要求。通常,诗歌对语音运用艺术要求最高,其讲究韵律和谐、语调押韵等。散文和戏剧讲究语音的和谐美。小说善于运用语言的节奏和韵律来创造审美效果。

在文学语言中,词汇是彰显文学文本意义的基本单位,因此词语的选择十分重要。很多作家和诗人毕生都在追求精心炼字遣词,其目的是更好地再现主体的精神状态和审美感受。在我国文学史上就有不少类似的例子。例如,贾岛对"鸟宿池边树,僧敲月下门"中"推、敲"二字的推敲;王安石对"春风又绿江南岸"中"绿"字的斟酌等。相较于语音,词汇处于文学语言中更深层次的位置,而且内涵意义十分丰富。词汇不仅能表达词语的基本意

---

① 高尔基. 和青年作家谈话[A]. 论文学[C]. 北京:人民文学出版社,1978:332.

义,还能映射令人深思的社会文化意义。例如,我国古典诗词中有众多与月亮有关的词语,如"望月""邀月""问月"等,都不是单纯"观赏月亮"的意思,而是蕴含着思乡、抒情、怀远等意味。

句子是由词组成的语言片段,能够表达相对完整的意义和情感。在文学语言中,句子也是需要精心锤炼和熔铸的。经过作家潜心锤炼的语句,在语类、语序上往往已达到了无法改动的地步,如果对某个语句从语序上加以调整,这个句子所表达的情感含义就会随之发生变化。相较于词汇所具有的丰富文化内涵和较强的社会性特征,句子则具有更深刻的文化内涵和个性化特征。在一个句子中,词如何排列、组合,都与作者的趣味、经验、修养、情感等有着直接的关系,传达着作者对生活和世界独特的体验和感悟。

语调是指文本语言单位所具有的"调性",其源于情感的表现,所以语调实际上是一种情调,是构成文本的言语行为整体给人的特殊感觉。文学语言的不同调性直接关联着各种情感的传达。语调与文本所描写的对象有着密切的关系,同时集中体现着作家的创作个性。例如,鲁迅文章辛辣犀利的语调、孙犁小说中清新自然的语调、老舍作品饱含辛酸的幽默语调等,都呈现了鲜明的个性风格。

(二)文学语言的美质

文学语言具有审美特征,读者往往通过文学语言的美来窥探文学的美。文学语言的美质体现在以下几个方面。

1.绘画美

作家在创作文学作品时,就犹如再画一幅画,读者通过文学语言仿佛走进了画中,从中获得独特的体验和领悟。例如:

All white save the river, that marked its course by a winding black line across the landscape; and the leafless trees, that against the leaden sky now revealed more fully the wonderful beauty and intricacies of their branches.

白色的雪景、墨色的河流、银灰色的天空、树叶落尽的树枝，一幅清新、舒朗的画面呈现在读者面前，读者能够深刻感受其绘画美。

2. 修辞美

修辞的艺术手段广泛地存在于文学语言中，它能增强文章的表现力，体现作者体味生活的独到方式，使语言文字鲜活、生动。例如：

She lifted her head, opened her eyes and—daily dose of magic—smiled up at her dad.

上述文字表现的是父女情深的一幕，看到小女儿微微地冲着自己一笑，做父亲的就像服用了一剂灵丹妙药。

3. 语义美

文学作品中并不多用专业词汇，而是常用一些普通词语，但这些普通词语进入文化语言中，就会呈现新颖、深邃的含义，使得文学作品读起来耐人寻味，这就是文学语言的语义美。

4. 意象美

意象就是文学作品最深处的灵魂。简单来讲，意象就是寓意之象，通过客观物象来寄托主观的情愫。文学作品的意象源于"言有尽而意无穷"，作者常常会将自己的思想和情感隐含在意象之中。读者要想深刻体会诗歌的美妙，就要充分理解作品的意象。例如：

The Red Wheelbarrow

so much depends

upon

a red

wheel barrow

glazed with rain

water

beside the white

chickens

红色手推车

这么多东西依

靠

一个红轮

手推车

晶莹闪亮着雨

水

旁边是白色的

小鸡

这首威廉斯的《红色手推车》诗歌其实十分简短,但作者将其拆分成了四个诗句,而且诗句参差不齐,排列精妙,就像车身与车轮一样一长一短。红色的小推车、透亮的雨水、白色的小鸡形成了一幅鲜亮的画面,鲜活地涌现到人们眼前,使人不禁感悟原来平凡的生活事物也如此美好。

二、文学翻译

(一)文学翻译的内涵

文学翻译的出现最早可追溯到亚历山大大帝时期,著名的文学翻译者有古罗马时期的恩尼乌斯(Quintus Ennius)、西塞罗

(Marcus Tullius Cicero)、李维乌斯(Lucius Livius Andronicus)、泰伦斯(Publius Terentius Afer)等。到19世纪,欧洲出现了文学学科,传统的文学得到重新建构,文学的范畴中不再包括普通的写作和通俗的作品。文学翻译也从其他翻译行业中分离出来,有较严格的行业规范。

文学翻译也是一种跨文化的翻译活动,但在这一层面上,译者与作者多多少少会存在时空上的差异,即使译者对原作有着相当程度的理解,甚至对作者的生活状况、写作情境、写作意图等有深刻的体会,在进行跨文化的翻译活动时,还是要保持一种正确的阅读姿态。

具体来讲,文学翻译是关于国外(或古代、少数民族)的文学作品的翻译,与之相对应的是科学,包括自然科学和社会科学作品的翻译,它与原作的性质有关。例如,将英国诗人莎士比亚(William Shakespeare)用英语创作的戏剧《哈姆雷特》(Hamlet)用中文再创作,即翻译出来,就属于文学翻译。

文学翻译强调的是再现原作,通过对原作文学性、美学性的再创造,使这些外国文学作品成为我国翻译文学作品。罗新璋先生在论及文学翻译的性质和译者的创造性时说道:"文学翻译应是一种艺术实践。'译'者,'艺'也。译者的译才关乎着译本的优劣。'重在传神,则要求译者能入乎其内出乎其外,申明英发,达意尽蕴'。"①

(二)文学翻译的特征

1. 求似性

文学翻译是一种艺术形式,其与非文学的翻译要求忠实于原文、达到等值或等效是不同的,文学翻译绝不可能绝对忠实于原作。这主要源于三个方面的原因。首先源于读者差异,对于同一

---

① 武锐. 翻译理论探索[M]. 南京:东南大学出版社,2010:86.

译作,不同时代、不同性格、不同文化水平的读者会有不同的理解和感受,对此译者也就无法将原作的思想、美感等完全"同等"地传达给每一位读者。其次源于译者差异,针对相同的原作,文学素养和兴趣爱好不同的译者会有着不同的理解,从而产生不同的译作,这也正是有许多文学经典在各国流传多种版本的原因。最后源于不同语言间的差异,文学翻译中的原作和译作属于两种不同的语言学,有着不同的文学性,有些特殊语言符号是无法翻译的,如汉语古诗词中的韵律、节奏感等,就无法用英语表达出来。文学翻译是以原作为基础进行的二度创造,因此不可能完全忠实于原作,只能追求相似性。

2. 模仿性

模仿说认为文学是模仿现实世界的,人们在长期的文学创作中注意到创作与自然以及艺术与客观世界之间的紧密联系。而文学翻译本身是一种艺术的表现形式,准确来说,其是对原作进行模仿的艺术。文学翻译的模仿性要求译者在尽力传递作品信息的同时,要兼顾语言的表现形式、作品文旨、风格特征、时代氛围以及作者的审美情趣等。

3. 创造性

文学翻译的审美价值充分体现了其创造性,其涉及多方面的因素,包括译者的想象、情感因素和认知因素等。译者在与原作双向互动的基础上,领略原作的文学意境并根据自己的理解创作原文,准确传达原文的艺术意境,力求译作的"美"与原作相等。这个互动的过程就体现了译者对原作的审美创造。

第二节 文学翻译的主体与问题

译者作为理解、阐释原作的主体,已成为翻译理论研究中一个不容忽视的因素。不管人们如何定义翻译的本质,有一点是无法回避的,即在这个以理解为前提的行为中,译者作为行为主体对行为的结果有着至关重要的影响。此外,文学翻译自身涵盖多种表现方式,又是在世界不同语种与文化下进行的,因此其实践过程中需要对语境、文化缺省等问题加以关注。本节就对文学翻译的主体与问题进行分析说明。

一、文学翻译的主体

(一)文学翻译主体的界定

关于谁是文学翻译的主体这一问题,许钧(2003)对国内相关的讨论进行了总结,得出了四种答案:第一种是译者是翻译的主体,第二种是原文作者与译者是翻译的主体,第三种是译者与读者是翻译的主体,第四种是原文作者、译者与读者均是翻译的主体。许钧认为,狭义的翻译主体是译者,广义的翻译主体是原文作者、译者与读者,但要视具体情况而定。周芳珠(2014)认为,文学翻译的主体涉及原文作者、译者和读者,其客体为原作与译作。但在文学翻译这种跨语境的审美交际活动中,译者是当之无愧的主角,是文学翻译行为中的主体。简而言之,译者在文学翻译主体中发挥主导作用,处于主体地位,它与其他主体以及客体有着紧密的关系,其关系如图 6-1 所示。

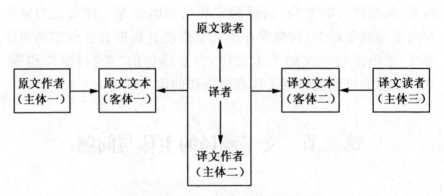

图 6-1 原文作者、译者、读者之间的关系

(资料来源:周方珠,2014)

可以看出,译者在文学翻译的过程中具有双重身份,即原文读者与译文作者。译者在阅读原文文本时就成了读者,在将原文文本翻译成译文后就成了译文文本的作者。

文学作品在刚完成还没有被读者看到之前通常称为"第一文本",处于一种"自在"的状态。当一部作品被读者读到后,作品便从"自在"状态变为"自由"状态,此时就被称为"第二文本",可体现出自身的文学价值。也就是说,第二文本是在第一文本的基础上经过读者阅读再创造后才能体现出自身的文学价值,而译者需要在"第二文本"的基础上经过理解、净化、共鸣、领悟等深层接受与阐释后创造出"第三文本",即译作。这一过程也是读者与译者对于文本处理的最大差别,普通读者在阅读作品过程中所进行的理解可以是表层的、浅层的、深层的。但是译者对原文的理解必须是深层次的,译者对"第二文本"文学价值的挖掘与接受要大于读者的接受程度。

可以看出,在文学翻译中,译者是最明显的主体,离开译者,文学翻译活动将无法进行,而作者、读者都是不在场的主体,属于隐形主体,他们是可能影响译文的因素,需要译者积极对待。

(二)文学翻译主体的显现

1.翻译主体对原文的合理转换

在翻译文学著作时,译者要对原文进行合理的转换。首先必须将自己融入原文,把握原文的美学信息,然后了解译文读者的审美情趣,在清楚原作审美情趣与译文读者审美情趣差异的基础上,能动地减少二者之间的文化、审美差距,将自身所体验的美学信息合理地转换、融入译文,从而让译文读者同样可以产生相同或相似的心理感受,欣赏到同样的艺术效果或审美价值。

译者需要将原作中的语言进行解读、品味,然后再将其糅合成自己的译语语言。译语的合理使用要以美感为前提条件,只有译语表现出同源语一样的活力和张力,才能使译语读者获得同样的心理情感、美感等体验。

2.翻译主体再创造的"度"

作为文学翻译的主体,译者在文学翻译活动中有很大的再度创作空间,但对译者再创造的"度"是有限制的。

(1)合理处理原作中比较复杂的内容

不管是中国的文学作品还是西方的文学作品,本身都具有丰富的文化背景知识与艺术信息,在翻译过程中译者难免会遇到一些由于历史、社会、文化等差异因素而导致的翻译障碍,再加上现实社会生活、人类思想情感等复杂因素,译者会遇到一些自己都难以理解的内容。这些复杂的内容通常是一个民族独特文化的反映,并且在一定程度上可以体现作者自身感受生活的深度。从翻译角度而言,复杂内容虽然是翻译过程中的障碍,但也能体现译者一定的自主性。

有些译者为了快速完成译作,会对文学作品中的复杂内容进行简单化处理,这样做一是避免了文化差异所带来的可译性问题,二是考虑到目的语读者的文化背景与接受能力,进行简化处理便于他们有效接受。但是,对复杂内容简化处理甚至略去不译,就会使原作中的审美价值与文化内涵大打折扣。

(2)尽量维护原作中的空白之处

文学作品中通常含有很多"空白"之处,这种不完整可以很好地体现文学作品的艺术美。在中国古代画论中,这种空白被称为"象外之象",在诗文中被称为"无言之境",而在音乐中被称为"弦外之音"。简言之,文学作品中的空白之处是大有学问的,这不仅不是其缺点,反而是其优势与独特之处。读者在阅读文学作品的过程中并不是处于被动地位,他们可以充分发挥自己的主观能动性,对原作中空白之处进行补充,也正是这种补充、想象的过程让读者体验到审美的快乐。因此,译者在翻译文学作品时要尽量维护这种空白,不能对这些地方进行过分补充。

(3)恰当表达原作中作者的感情色彩

每一部文学作品都体现着作者自己的风格、兴趣、价值取向和情感等。对于自己作品中的艺术形象，作者往往会表达出强烈的情感取向，或喜欢或厌恶、或同情或憎恨、或褒奖或贬低。对于译者而言，其在阅读一部文学作品之前就已经具备一定的情感结构，因此在译者阅读文学作品时难免会做出一些带有自己主观情感的评价，在一定程度上损坏了原文作者的情感体现。

　　这个"度"实际上也不容易进行具体量化，也没有一定的规则与标准，这就要求译者在发挥自身的主观能动性时要做到审时度势、灵活掌握。

二、文学翻译的问题

（一）语境问题

　　在文学创作中，语境直接影响着作品情节氛围的塑造，对人物形象、情节发展也都有着重要的影响作用。在文学翻译中，对语境的翻译影响着整体译文的格调，因此需要译者格外注意。

　　文学作品是在语境中生成意义的，这种语境可能涵盖政治、经济、文化等很多方面，它能给作品构造出框架，体现作者的思想。因此，从本质上来看，文学翻译就是不同文化语境的碰撞与交流。对此，译者在文学翻译的过程中要在转换语言的同时对其文化语境展开深入分析，从而对源语的文化进行相应转换。例如：

　　林冲答道："恰才与拙荆一同来间壁岳庙里还香愿。林冲听得使棒，看得入眼……"

（施耐庵《水浒传》）

Lin Chong said: "My wife and I just arrived at the Temple of the Sacred Mountain next door to burn incense. Hearing the cheers of your audience, I looked over and was intrigued by your performance …"

（Shapiro: *Outlaws of the Marsh*）

中国人在自称时常有谦虚的传统，因此常将自己的妻子称为"拙荆""荆妻""荆人"等，但这些称谓在今天已不再通行。因此，为使译文准确传递原文的文化语境，译者在此采取了最通俗的表达方式。

（二）文化缺省问题

1.文化缺省的形成

在交际过程中，无论是身处何种文化背景的人，在理解对方话语的过程中总会存在语义上的缺失或曲解，因为世界上任何两个人的背景知识都是不同的。但如果交际双方使用的是同一种语言，又生活在同样的社会、文化背景下，那么他们便拥有充分相同的背景知识来确保交际的有效进行。因此，作者在写作过程中就不需要告诉读者大脑中已经知道的、显而易见的信息，以最大限度地保证信息表达的经济性。作者与读者共享的背景知识在文本可以省略，人们将省略的这部分称为"情境缺省"（situational default），其还可进一步细分为语境缺省（contextual default）和文化缺省（cultural default）。

语境缺省的内容通常是可以在文本中搜索到的，但文化缺省的内容在文本中一般找不到具体答案。文化缺省是作者在同自己的意向读者交流时双方共有的相关文化背景知识的省略。[①] 然而，由于狭义上的翻译是一种跨文化的行为，原文作者与译文读者往往生活在不同的社会背景下，二者并不具备相同的文化背景知识。因此，对原文读者不言而喻的背景内容对于译文读者来说就形成了文化缺省。

2.文化缺省的解决方法

译者的艺术创造不是随心所欲的，而是要在原作品的框架内

---

① 王大来.文学翻译中的文化缺省补偿策略研究[M].北京：光明日报出版社，2016：10.

创造出新的作品,并最大限度地保证译文的艺术价值与原作的艺术价值等同。要实现这一目的,译者必须对原作品有正确的理解,尊重作者的艺术动机与创作意图,同时灵活运用补偿文化缺省的策略。

(1)尊重作者的艺术动机

大致而言,译者尊重作者的艺术动机主要表现在以下两个方面。

第一,再现原作语言特征。语言特征涉及音韵、字形、语义、修辞、结构等内容。由于原文与译文所使用的语言不同,译者很难将原作中所体现的语言、结构丝毫不差地再现出来。因此,译者需要考虑应该保留什么、舍去什么,进而在翻译实践中做出选择。事实上,人们经常讨论的直译、意译、神似、形似等话题都是围绕应该保留什么、舍去什么而进行的。

第二,再现原作艺术形象。译者需要重点考虑对于原作中的艺术形象,是进行原封不动的移植,还是要改头换面地再创造,从而更适合目的语读者的准确理解。这需要综合考虑多方面的因素,然后再下决定。例如,霍克斯在翻译《红楼梦》时就将很多内容进行了改变,如将"怡红公子"译为 green boy。虽然这种译法有利于目的语读者理解与接受,但严重损害了原文中的文化信息内容,在一定程度上是不可取的。

(2)灵活选择补偿文化缺省的策略

其一,置换策略。置换策略是一种比较常见的应对文化缺省的策略,其具体是指在对文化信息进行转换或翻译时,如果能够通过转化后被译入语读者认同,或在置换后不影响理解,就应对源语和译入语规范进行综合考虑,对原文的文化缺省部分采用缺省置换的翻译策略进行翻译。缺省置换的翻译策略具有直观、达意,并且与译入语规范相符合的特点。通常情况下,这种策略适用于源语和译入语存在差距,通过保留、调整"缺省"达意比较困难的情况。例如:

每次我要发言时,心里都打鼓。

Whenever I have to make a speech, I get butterflies in my stomach.

"心里打鼓"是汉语文化下独有的词语,表示"忐忑不安、心里没底"之意,译文中将"打鼓"这一形象用 butterflies 进行替换。

其二,套用策略。对于文化缺省现象,译者还可以采用与源语中类似文化现象对应的情况进行翻译,即套用策略。例如,可以针对西方文化中比较知名的人物、事件等来诠释汉语文化中所特有的文化内容。下面来看浙江兰溪的济公纪念馆中的一句话:

济公劫富济贫,深受穷苦人民爱戴。

对于"济公"翻译,可以将其译为 Ji Gong, Robin Hood in China robbed the rich and helped the poor,这就是套用策略的典型运用,这样更加有利于译入语读者快速理解。

第三节　文学翻译的具体应用

按体裁进行划分,文学文体可分为小说、诗歌、散文、戏剧四种形式。本节将对这四种文学体裁的具体翻译进行具体说明。

一、小说的翻译

小说是以艺术形象为中心任务,通过叙述和描写的表现方式,在讲述部分呈现连续或完整的故事情节并描绘具体、生动、可感的生活环境,多方位、多层面、深刻且具象地再现社会生活的面貌。通过阅读小说翻译作品,人们可以充分了解国外人们的思维,并汲取他们的文学营养。小说是对社会现实的反映,所以翻译小说还须有宽广的知识面,具备丰富的社会文化知识,同时要具备一定的文学鉴赏能力,必备一定的母语表达能力,既能对源语意会,又能用译入语言传。

（一）实现功能对等

很多小说的内涵并不是靠语言的表面意思表达出来的，而是隐含在字里行间。译者在翻译小说时，如果按照原文意思直接翻译，将会使读者不知所云，不仅不能传达原文的意思，也会失去作者的本义。针对那些有着隐含意义的句子，译者可以采用意译法进行翻译，这样不仅能确保译文通顺流畅，也能让读者明白作者的真实含义，进而使译文和原文达到功能对等。例如：

The kids preferred Jack's truck too. Only Molly loved this old girl of hers. She was always alone.

孩子们更青睐杰克的卡车。只有莫利一个人喜欢她的旧卡车。从来没人赞成她的这种喜好。

直译是翻译的有效方法，但其运用也要视情况而定。上述"She was always alone."直译后的意思是"她总是孤独一人。"这样翻译虽然没有语法错误，但会给人一种"她"孤僻、难以相处的感觉。这样就偏离了作者想要表达的思想，即"她"总是与家庭中其他成员的观点不同。对此，译者采用了意译法，将其译为"从来没人赞成她的这种喜好。"从而实现了功能对等。

（二）再现人物性格

小说十分重视对人物的刻画，因此在翻译过程中要准确把握小说人物的特点，进而精心选词，寻找和使用恰当的表达方式，从而使读者通过阅读译文能对原文人物的特点形成深刻的印象。

（三）传译原文风格

每一部小说都有着不同的风格，或轻松活泼，或幽默辛辣。在翻译小说作品时，就要充分把握小说的风格，根据作者的创作意图和个性，准确传达原文内容，同时再现原文的艺术风格。翻译一部小说时，即使语言再通顺、内容再准确，如果风格偏离原文，也不能算作好的翻译。

(四)传递原文语境

语境是小说的重要组成要素,即小说故事发生的具体场合。相较于语义,语境的翻译更加困难,因此译者要仔细分析原文语境,分清总体语境和个别语境,进而采用恰当的语言准确翻译。

(五)灵活运用变译手法

在目前众多翻译手段中,变译手法是翻译文学名著过程时比较常见的翻译手段。变译翻译与常规翻译不同,其主张保留原文的文学特色和故事特征,而后在此基础上对原文加以增减、编述,从而将原文以全新的面貌再次呈现。翻译文学是一种功能性价值极高的翻译手段,其所包含的翻译方法和翻译要素极多。而变译方法是众多翻译手段中几乎最具优势的一种理论内容,其具有信息质量高、翻译速率好的综合优势,能够有效将翻译作品的篇幅加以针对性处理,从而可将译本的精神面貌和整体构造加以特殊化的加持,形成具有一定特色的翻译风格。《无名的裘德》是一部极具文学艺术价值的长篇小说,其译本所具有的翻译特征能够有效凸显变译理论的实际内容。故这里以变译理论为主要研究视角,将《无名的裘德》作为翻译研究的对象展开理论性的研究思考。《无名的裘德》由英国作家托马斯撰写而成,是一部具有传世意义的经典文学作品。不仅在世界舞台中,在中国《无名的裘德》也享有一定声誉。除却文学作品本身的文学艺术价值不说,其之所以能够在中国的文学舞台中占有一定地位,很大作用是源于翻译人员的技艺精湛。

1.变译理论形态的简单分析

(1)理论核心

①变通。翻译一般分为完全翻译和非完全翻译两种,完全翻译的意思是指在翻译过程中,翻译人员要将原文中所含词汇尽数翻译,高度保持原文含义的全面性。而非完全翻译是以"留骨"为

先,先将原文的实际含义保留,而后将"皮肉"加以文学化或写实化处理,具体的处理方式大多以翻译团队或翻译者个人的翻译习惯和风格为主。而这种非完全翻译在国内翻译体系中应用较多,多数翻译人员为了能够在跨文化的条件下辅助更多的汉语读者理解文学作品的含义,就会适当"留骨",将故事情节的梗概和大致加以保留,再运用语句或其他层面上的变动,从而达到一种将国外文学作品加以"入乡随俗"的翻译特色。因此,这就是变译理论中对"变"的解释,变就代表着并不保留原形态。

②变译。与变通相对应,变译的重点在于"译"。而对于翻译行为而言,变译就是一种行动的代号,是在确定了翻译风格的基础上直接开展的翻译行为。而变译作为在变通基础上展开的翻译行为,其翻译特征就必须具有一定的"变译特色"。以普通翻译的视角解读变译行为后可知,变译理论的活动状态可以分为几个重要的阶段。其一,译者主体。译者是变译理论贯彻过程中的第一活动体,也是在《无名的裘德》翻译过程中,能够对译本的编译风格产生最深远影响的核心因素。其二,翻译目的。文学作品翻译与典籍翻译存在差异特征,即文学作品的翻译不仅仅有服务于读者的目标,可能作者自身也对文学作品有着钻研的执着,希望以不同的文体来呈现该作品等。这些都属于译者的目的,同样应受到变译理论的重视。因此,变译理论的第二活动状态就是确认翻译目的。其三,选定方式。一般在变译理论下,翻译方式基本都是以四大要素为主要的翻译方式,下文将针对四大要素进行详细论述。其四,确认翻译客体。以本篇文章为例,我们选定《无名的裘德》为翻译客体,因此译者就应当针对《无名的裘德》,对其文学作品的背景和故事的主体内容加以细致的文学确认。当确认以上活动状态后,译者就能够通过已确认的行为特征开展翻译工作。

（2）变译理论的四大要素分析

①增。增指的是在翻译过程中,以原文所述文学内容或故事情节为主体,对原文进行增加式的编译,旨在将翻译目的作为第

一方向,将原文加以文学风格的填充化处理。该要素中所含的增加,实际上也能分为四种形态。一种是解释,即在跨文化语境下通过详细或精炼的解释,为读者形成一种对定义的解读印象,以细致的解释,增进读者对于文学作品的阅读代入感。第二种是评论,即在编译过程中根据某一故事情节或事件进行评价式的扩充。其内容更多是以译者的个人思想作为主体而增加的,带有一些作者或汉语语境的理解特征。第三种是写。对于一些原文表达方式比较隐晦,或前言后语未表达完全的故事内容,就需要译者根据翻译目的的具体需要选择是否添加一些交代故事背景、人物背景的内容。

②减。在《无名的裘德》翻译过程中,需要删减的部分大多数都是以读者的需求为准,尽量精细地删减掉原文中不影响故事情节,或不需要读者加以查阅和理解的部分。因此"减"实际上更多是精简,是本着提升译本文学素养和内容价值性而展开的变通翻译行为。以汉语翻译为主加以细致化分析可知,一般在西方文学作品翻译的过程中,译者常常要考虑多方面的翻译因素,即译本是面对成年读者还是未成年读者,是否应该将文中所具有的不正确的内容描述加以完全化翻译。而在考量过程中出现的与现实产生矛盾的翻译内容,就是变译理论视角下译者需要加以酌情删减的内容。例如,详细的、血肉模糊的战争场面,就不应在儿童文学译本中描写得过于实际。对于一些在情感方面也描写得极为真实和片面的内容,也不应过于明显地加以翻译。因此,变译理论中的"减",实际上也是一种维护,在维护原作品文学价值的同时,对国内读者的观感反应进行维护。

③编。编辑同样是建立在原文基础上对原文进行编辑处理的方式。在变译理论中,编辑的主要含义就是将原文结构中不能体现出层次感的内容,加以层次化的编辑或条理化的编辑,从而在译本中增强原文翻译结构的美观性和文学性特征,真正从版面上和内容上都做到精化原文、优秀翻译。因此,在变译理论的贯彻过程中,编辑属于完全必然的活动举措。

④改。这里的改指的是改变，而并非改动。改变是要将原作品加以充分的变动，从而利用更加适应读者阅读方式和语言逻辑的手段，提升原文的可理解性特征。这种改变的方式在《无名的裘德》中十分常见，原作中作者非常喜欢运用比喻的手法来体现特定的情节。但在中国人的思维中，许多西方人运用比喻的逻辑和方式极难理解。例如，将凌厉的目光比作二十七柄刀剑等，长期使用汉语思维进行阅读的读者就很难理解。针对此，译者就常常使用一些更加形象化的改变方法，将二十七柄刀剑改变为"如刀锋一般"等词汇。如此便能够在尽量不改动原文思想特征的前提下，提升读者对于故事情节和人物情绪变动的理解。

2.《无名的裘德》作品内涵概述

《无名的裘德》是一部终极的悲剧作品。主人公裘德一开始是一个勤奋好学，刻苦自修的青年人，他始终坚持着一颗向往大学的心，并以此为目标不断地努力着。但一次次的失利让他逐渐失去了前行的目标和信心，而这种情绪上的负面变动，就逐渐将裘德的思维压迫化和窄化，构成了悲剧的第一形成因素。与初期的裘德相似，女主人公淑·布赖德黑德也是一个聪慧美貌的女子，同时她与其他的女子不同，淑主张男女平权，因此她有着独立自主和极为个性的性格特征。而事实上，虽然他们相爱，但淑仍旧嫁给了其他男人。当他们历经磨难终于走到一起后，他们所生的孩子被裘德与前妻的孩子所杀，裘德也失去了所有的孩子，也再次失去了妻子。故事的结尾，裘德悲伤地死在大学门前，未满三十。而当他的前妻发现他的尸体后，却选择为了节日庆典而将他死亡的事件隔日再讲。至此，无名的裘德落幕。从故事梗概中我们可以看出，《无名的裘德》整个故事的基调都在一个十分悲观的色彩中，文章既给了读者和裘德希望，也将这一切无情带走。基于此，译者就可以根据不同的翻译论调，对翻译的变通内容加以设定。当译者想要在变译理论视角下将原文的悲观程度加以淡化时，就可以使用四个元素的加工，添加乐观的情节和进行美化处理,同时将过度悲伤的部分加以删减,以达到美化整体的目标。

3.以变译理论的四大要素为主,举例翻译《无名的裘德》

(1)增:结合评价

这里以《无名的裘德》中第三人称叙述视角选段为主进行"增"的论述。首先"增"是一种比较巧妙的手法,而在增的过程中,对于第三人称视角的阐述行为,我们就可以使用评价增加的方式,将《无名的裘德》中描述的情节,加以评价化充实处理。

例如,对于原文中的"It was a new idea,the ecclesiastical and altruistic life as distinct from the intellectual and emulative life."译者就可以将其编译为"为了让别人能够感到幸福,和为了自己而去学习进入大学的知识,这两者其实并不冲突。但他在这之前却从未意识到过。"这种翻译手法就是使用了增加的变译手段,有效拓展了原文对主人公的形容广度,将原文以两个思路扩展开来,一方面交代主人公为什么要进入教会,一方面交代了导致主人公现在处境的成因,具有明显的评价表达特征。相似类比还有原文中的"The favourable light in which this new thought showed itself by contrast with his foregone intentions cheered Jude,as he sat there,shabby and lonely."译者可以利用增的手段翻译为:"当裘德有了想法后,这种意识便同他之前的想法形成了一个对比,一个鲜明和显然的对比。他对这种思维上的领悟感到高兴,但当裘德坐在那里时,却只有寒酸和孤独围绕着他,久久不散。"这种文学色彩的添加手法,利用形容增加的方式增强了裘德当时的处境比对感应,可令读者的脑内呈现出比较立体的阅读印象,就如同裘德真的坐在那里,寒酸地为自己的想法感到高兴。

(2)减:浓缩精简

同样以文章语句为例:"But that much he conceded to human frailty,and hoped to learn to love her as a friend and kinswoman."该句可以翻译为"他认为这是人类的弱点,他希望在她谈到

爱时,能够以亲戚和朋友作为爱的界限"。在这句翻译中,"能够以亲戚"中的 kinswoman,本指女性亲戚,但之前的语言环境已经做好了足够的铺垫,因此译者就可以将词汇中的具体形容因素加以精简化处理,直接使用亲戚就足够暗指"女性亲戚"。这里将变译理论中的"减"有效应用,在减少翻译内容的同时,完整地将句子含义表达了出来。

(3)编:调序以接引

在原文中的选段"The fact was that, only twelve months before, there had occurred a lamentable seduction of one of the pupils who had made the same statement in order to gain meetings with her lover."中,译者可将其翻译为"她之所以这么说,无非是因为十二个月前发生的诱奸案件就是因为有个女生说了类似的托词,训育处在震怒之下才将所谓的'表亲'关系不予理会,什么表亲不表亲的,避免丑闻才重要。"从这段翻译来看,译者实际上可以选择一种先编制再翻译的方式,先将话语者为何要说出这番话,和说出话中内容的出发点作为编制的参考点,再进行翻译,就能有效端正话语整理的条理性。

(4)改:变动分析

选段"Ah-sceered ye, have I! I wasn't going to bide up there no longer, to please nobody! Tis more than flesh and blood can bear, to be ordered to do this and that by a feller that don't know half as well as you do yourself!"具有一定的西方语言特征,若保持常规翻译就会成为"啊,让你们! 我! ……"这样难以形成汉语阅读语境的形态。因此,译者可以使用语境改动,将其翻译为:"啊——吓到你们了是不是! 我! 不会在楼上躺着了,我不管谁说什么,我都要按照我自己的性格来! 何必听一个不熟悉的人说这说那,她什么都不懂就吩咐我这样,那样! 是个活人就受不了这样的生活!"在文中,我们可将代表血肉模糊特征的 flesh 和 blood 柔和化处理,将其翻译为"是个活人就受不了!"要更加贴合中国读者对于人际关系的思维逻辑。而一旦译者直接翻译为血肉模糊,在小说当时的情境下,作者很可能就会产生不明所以的阅览情绪。

二、诗歌的翻译

诗歌是一种运用高度精练、有韵律且富有意象化的语言来抒发情感的文学样式,是具有一定外在形式的语言艺术。诗歌是一种重要而且古老的文学形式,诗歌艺术的发展在很大程度上也影响着整个文学艺术的繁荣。通过诗歌,人们可以充分展现个人情怀,包括对人生的感叹、对情与爱的抒发等。诗歌翻译是沟通世界文学艺术的一个重要渠道,也是促进诗歌发展的重要方式。就文学文体的翻译而言,诗歌翻译的难度最大,因为诗歌中的诗味和音韵美等很难翻译。在具体的翻译过程中可以采用以下几种方法。

(一)准确传达意思

在翻译诗歌时,首先要准确传达其思想内涵,使译文符合译入语的表达习惯,利于译文读者理解。形式与内涵同等重要,但在保留形式的同时无法有效传达诗歌的含义,此时就要舍弃形式,在直译的基础上进行必要的调整,即采用调整翻译法进行翻译。

(二)充分还原美感

诗歌有着极强的美感,这在形式上、韵律上、文辞上和意境上有着鲜明的体现。因此,译者需要在准确传达原文的基础上充分还原原文的美感,从而使译文读者获得美的享受。具体而言,译者可采用以下几种翻译方法。

1.形式翻译

很多诗歌的形象与思想都密切相关,诗人往往会通过恰当的表现形式来充分表达自己的思想情感。在翻译这类诗歌时,就要采用形式翻译法,使译文与原文形式保持一致,以传递原文的形式美,保留原文的韵味。

　　在诗歌中,其形象和诗歌的思想内容有着密切的联系。诗人若想更加全面地表达自己的思想,就应该选用恰当的诗歌表现形式。具体而言,形式翻译要注意两点。首先,要保留原文的诗体形式,在翻译时,译者要将原文所包含的文化特性与诗学表现功能传递出来。其次,要保留原文分行的艺术形式。不同的诗行形式演绎着各不相同的诗情流动路径,体现着作者各种各样的表情意图,所以译者应充分考虑诗歌分行所产生的形式美学意味。例如:

40-LOVE

—Roger McGough

middle	aged
couple	playing
ten-	nis
when	the
game	ends
and	they
go	home
the	net
will	still
be	be-
between	them

四十岁的爱

中	年
夫	妇
打	网
球	打
完	后

回　家
走　回
到　家
中　这
网　依
旧　把
人　分
左　右

上述原文是形式与内容的完美统一,译者完美地将上述特征逐一体现出来。

2.解释性翻译

解释性翻译是介于调整翻译与形式翻译之间的一种翻译方法,它强调在保留原诗形式美的基础上,要传递原诗的意境美和音韵美。

在音韵美方面,要求译作忠实地传递原作的音韵、节奏以及格律等所体现的美感,确保译文富有节奏感,且押韵、动听。在意境美方面,要求译诗与原诗一样可以打动读者。

此外,译者要注意语言与文化方面的问题,译者要尽量创作与原文在形式、音韵、意境上相对等的作品。

(三)进行再创造

诗歌再创造就是译者从原始的形式或思想出发,使用译入语对原诗进行的再创造。严格来讲,这很难说是一种翻译。读者在阅读这类作品时,与其说喜欢原作,不如说喜欢译作。根据拉夫尔的观点,它其实是一种杂交的形式,既不是原诗,也不是翻译,但是有其存在的价值。这种翻译对译者具有极高的要求,因此在翻译实践中使用较少。

三、散文的翻译

散文是一种能充分利用各种题材,创造性地用各种文学的、艺术的表现手段,自由地展现主体个性风格,以抒情写意、广泛地反映社会生活为主要目的的文学文体。[①] 其结构灵活自由,语言韵律优美,意象生动,意境深远,有着独特的风格。因此,散文的翻译不仅要表达原文的意义,还要传达原文的美感,再现原文的意境。这样才能使译文读者从不同层面切实感受原散文的魅力,达到传播和沟通文学思想的目的。

(一)准确传达情感

作者创作散文的主要目的即表情达意、抒发情感,情感是散文的灵魂所在。在翻译散文时,译者首先要传达原文的情感,做到译文与原文在情感效应上达到对等,即使译文读者获得与原文读者相同的感受,对此译者可采用移情法进行翻译。具体而言,译者在翻译之前要了解原文的写作背景,明白作者的写作思想,将自己放在与作者相同的情感地位上,切实体会作者的思想情感,进而对其进行准确传达。

(二)充分还原意境

散文作者常通过意境描写来表达自己的情感,从而给读者带来美的享受以及启发读者对生命的思考。因此,在翻译时译者也应注重对原文意境的还原。但散文的语言表达十分自由,对此译者也应不拘泥于原文的表达,做到收放自如,在准确传递原文思想的基础上,通过优美、流畅的语言再现原文的意境。

(三)有效再现风格

散文创作的生命在于风格的鲜明,散文翻译的关键在于风格

---

① 刘海涛.文学写作教程[M].北京:高等教育出版社,2005:121.

的再现。不同作者有着不同的写作风格，翻译时对于原文风格的把握特别重要。如果译文与原文风格大相径庭，即便译文语言再优美，表达再到位也称不上佳译。例如：

An individual human existence should be like a river——small at first, narrowly contained within its banks, and rushing passionately past boulders and over waterfalls. Gradually the river grows wider, the banks recede, the waters flow more quietly, and in the end, without any visible break, they become merged in the sea, and painlessly lose their individual being.

(Bertrand Russell: *How to Grow Old*)

一个独立的人，其存在当如河流——刚开始很小，局限在狭窄的河岸间，急促地流过大石、瀑布。慢慢地，河面变宽，河岸后退，河水更加平静，最后在毫无觉察之际汇入大海，没有痛苦地失去个体生命。

上述原文选自兰·罗素的《老之将至》。作者通过透彻的说理、生动的文笔讨论了老年人对死亡的恐惧心理，同时表达了自己的观点。译者在进行翻译时，也在把握住原文思想与作者风格的基础上，精心选词和组句，充分体现了原文的风格魅力。

(四)消除文化隔阂

由于所处的文化环境不同，因此英汉语言无论在行文风格上还是在逻辑结构上，都有着显著的差异。只有尽力消除这种文化上的隔阂，译者才能最终在文化的鸿沟上架起沟通的桥梁。例如：

书房，多么典雅的一个名词！很容易令人联想到一个书香人家。书香是与铜臭相对的。其实书未必香，铜亦未必臭。周彝商鼎，古色斑斓，终日摩挲亦不觉其臭，铸成钱币才沾染市侩味，可是不复流通的布帛刀错又常为高人赏玩之资。书之所以为香，大概是指松烟油墨印上了毛边连史，从不大通风的书房里散发出来的那一股怪味，不是桂馥兰薰，也不是霉烂馊臭，是一股混合的难以形容的怪味。这种怪味只有书房里才有,而只有士大夫人家才有书房。书香人家之得名大概是以此。

Study, what an elegant word! It easily reminds of a book-scented family! Book scents are treated as opposite to copper stinks. As a matter of fact, books do not necessarily smell good, nor does copper inevitably bad. The wine vessels of Zhou, the cooking vessels of Shang, the riot of ancient colors, the all-day-long strokes and fondles feel no foul odor. Philistinism contaminates copper when it is cast into coins as money, but those cottons and silks, knife-shape money out of circulation were now and then expenses and antiques of high hermits. Books are entitled as scented, perchance referring to oil and ink imprinted to the rough edges and uncut pages of ancient volumes' from which sends off gusts of odd smells deposited in not-well-ventilated studies. Those scents are neither the pleasurable, sweet perfume from lofty flowers like bay trees or fragrant thoroughwort, nor the mildew and rot or the stink from spoiled food, but a gust of strange amalgamation beyond the power of words. Such smells come only out of studies while studies existed only in families of high officials and master scholars. Approximately, this explains the origin of the name of Book-scented Family.

汉语原文选自梁实秋《书房》的第一段。其中包含了很多汉语中所特有的表达,如"书香""铜臭""周彝商鼎""布帛刀错""毛边连史""桂馥兰薰"。要清除文化隔阂,并不意味着抛弃这些内容,而是要想办法译得准确,便于读者理解。具体而言,译者在翻译时要确保原文的意思、意味和意境不走调,也可以用注释说明的方式保存原文意趣,上述译文即添加了四个注释以向译入语读者传达原文的文化特色。此外,在翻译时译者尽力运用古朴之风来遣词造句,并体现一些韵律和节奏,如 the all-day-long strokes and fondles feel no foul odor 和 Philistinism contaminates copper when it is cast into coins as money 这两句就体现了一些韵律和节奏感。

四、戏剧的翻译

戏剧是一门古老的舞台艺术,是通过集语言、动作、舞蹈、音乐等形式于一体,并借此达到叙事目的的一门综合艺术。戏剧翻译不仅涉及语言方面的转译,也涉及很多语言之外的因素。这实际上是有很大难度的,需要译者充分了解戏剧特征,并灵活运用翻译方法。

(一)忠实传达剧本内涵

忠实是指译文不能脱离原作,要准确地将源语信息传递给观众。同其他翻译活动一样,戏剧翻译首先要忠实传达原文的内涵。具体可采用以下几种方法来实现这一目的。

1. 直译法

直译法就是按照字面意思和语序进行翻译,其可以最大限度地保留原文的形式和特色,而且能有效传达原文的含义。但这种方法适用于源语与译入语在结构、语义、功能等方面相同,直接翻译不会引起误解的情况。

2. 归化法

因文化的差异,源语和译入语在诸多方面都存在差异,此时无法用直译法进行翻译,可以采用归化法来翻译。所谓归化法,就是向译入语读者靠拢,采用符合译入语语言习惯和文化传统的概念进行翻译,从而实现功能对等。

(二)体现具体的语言特征

戏剧语言有着鲜明的个性化特征,在翻译时译者也要传译这种特征,进而再现原文的人物特点和内心活动。在翻译戏剧的个性化语言时可采用拆译法,也就是将原文的长句拆分为短句,这样可以突出原文的重点,并且使译文符合译入语的表达习惯。

戏剧语言还包含各种修辞形式,有时很难在译入语中找到相对应的修辞形式,此时就可以采用变通法,根据具体情况灵活进行处理,并使译文获得与原文相等的表达效果。

(三)增强戏剧的表演性

戏剧具有表演性,在翻译的时候也要体现这种表演性,这就要求译者不仅要考虑语言问题,同时要考虑戏剧的表演效果。戏剧语言具有一定的审美性,译者在翻译时也要再现戏剧语言"音义双美"的特点,让台词读起来朗朗上口。对此,译者可以采用省译法,即简化原文中较长的句子,使译文更加便于阅读,更具韵味。

(四)灵活处理文化因素

戏剧蕴含着丰富的文化因素,戏剧中很多的词汇、句子、习语等都蕴含着丰富的文化内涵。但译者并不能采用其他文学作品所采用的方法——直译加注释法进行翻译,因为戏剧演出具有实时性,当观众不能理解台词中的文化内涵时,演员也无法停下来再念一遍。对此,译者需要根据汉语的表达习惯,采用释义法进行翻译,也就是尽量使用易于读者接受和理解的汉语文化进行解释,这样既能让观众理解,也能确保译文的艺术效果。

第七章　文体翻译理论阐释及应用

　　"文体"在文学批评中又被称为"风格",是影响翻译的一个重要因素。不同的文体有不同的功能,译者在翻译过程中除了要忠实于原文的字面含义,还要注意再现原文风格,实现原文功能。本章就对文体翻译理论进行阐释,并对文体翻译的具体应用进行探讨。

第一节　文体学及翻译文体学

一、文体

　　关于文体,《现代汉语词典》中解释为"文章的体裁",《辞海》中认为其首先是"文章的风格",其次才是"文章的体裁"。根据不同的分类标准,文体可以分为不同的类型。广义上的文体以交际方式为标准进行划分,可以大致分为口语体和书面体两类;以交际目的为标准进行划分,又可以分为实用文体和文艺文体;以时代标准进行划分,又可以分为古代文体和现代文体。狭义上的文体则多涉及文学文体以及作者的行文风格等。

　　翻译学中的"文体"主要指的是文章的风格,与作者的个性特点有很大的关系。作者的个性越鲜明,文章的风格越明显,文体的个性越突出。从这个角度来说,成功的作家也是出色的文体家。文体并不仅仅是简单的语言组合,更蕴含着作者对生活、对社会乃至对世界的新的感悟,进而推动着生活和社会的变革。可以说，一个文体的诞生、翻译、接受和传播是一个十分复杂的系统工程。

二、文体学

20 世纪 60 年代至 70 年代，形式主义文体学非常盛行，直到 21 世纪初，文体学与语言学的联系都非常紧密。2004 年，辛普森（Simpson）重新对文体学进行定义，他将传统上文体学研究中使用的"语言学"一词改为"语言"，并将文体学定义为"一种将语言摆到首要位置的文本阐释方法"。[①] 自此，文体学与语言学逐渐脱离。目前，对文体学比较常见的一种界定是由利奇（Leech，2008）做出的："文体 X 是 Y 内所有跟文本或语篇样本相关，被一定语境参数组合所定义的语言特征的总和。"[②]利奇对文体学的界定指向的是作为语篇特点的文体。

三、翻译文体学

由于译者文体并不是译文所体现的客观以及静态的语言特征，上述所通行的文体学定义在广义上可以用于译作分析，但并不适用于考查译者文体。由此，翻译文体学便从文体学中抽离出来。

对翻译文体学首先进行深入思考的是 Popovic（1976），他将翻译中的文体对等界定为"原文与译文中某些成分的功能对等，以产生具有意义等同这个不变量的一种表达上的等同"。[③] Popovic 认为，翻译文体学主要研究译文与原文的文体对等，并指出，要想做到文体对等，必须做到"充分性""表达对应"以及"忠实原

---

① 邵璐. 西方翻译文体学研究(2006-2011)[J]. 中国翻译,2012,(5):10.

② 同上.

③ Popovic,Anton. *Dictionary for the Analysis of Literary Translation*[Z]. Edmonton:Department of Comparative Literature,The University of Alberta,1976:6.

文"。

Chan 认为，翻译文体就是"译者基于美学或主题做出的选择，翻译文体学隶属于文学批评范畴"。[①] 事实上，在翻译研究中，将翻译文体学划归于文学批评范畴是不太妥当的，因为这样就会过于强调文学性，无法体现翻译学本身的复杂性以及跨学科性。

当下，后现代思潮、结构主义思潮等促使翻译研究更加侧重多元的描述性研究，更加贴近翻译研究的实际，从多角度、多文体进行综合研究，将对等与不对等都纳入研究范围。

2006 年，英国学者琼·博厄斯-贝耶尔（Jean Boase-Beier）构建了翻译文体学的研究方法，探讨了文体的作用和文体再创造中的选择。后来，其在《翻译研究批评导论》（*A Critical Introduction to Translation Studies*）一书中又从翻译文体学的视角对翻译研究进行了批判性研究。可以说，博厄斯-贝耶尔的研究拓宽了翻译文体学的研究范围，将实用翻译纳入研究领域，在研究方法方面也更加系统化、科学化。

第二节　文体翻译的标准

实用翻译也称"应用翻译"，它是一种以传递信息为主同时注重信息传递效果的实用型翻译，其体裁范围几乎涵盖当今政治、经济、社会和文化的各个领域。实用翻译所涉及的翻译对象是与社会经济、技术、文化发展及社会生活紧密相关的各类实用文本，如商务合同、信函、营销计划、产品说明、广告、使用说明书培训手册、法律条文等。实用文体在翻译过程中需要遵循一定的标准或原则，本节就对此进行具体介绍。

[①] Chan, Tak-hung Leo. *Readers, Reading and Reception of Translated Fiction in Chinese : Novel Encounters*[M]. Manchester & Kinderhook(NY) : St. Jerome Publishing, 2010 : 178.

一、从"动态对等"到"功能对等"

20 世纪 60 年代,美国学者尤金·奈达(Eugene A. Nida)提出了"对等翻译"的标准,并得到广泛认同。奈达在其《翻译科学探索》一书中指出,译者在文体翻译中,要根据"动态对等"的理论形式进行应用。具体来说,译文的原著者与接受者之间存在一种对等式的关系,且二者之间的关系应始终保持在相等的阶面上。①此外,美国学者塔伯在其《翻译理论与实践》一书中对"动态对等"进行了详细解释。简单来说,"动态对等"要求译文与原文在意义上保持相同,在此基础上还要保证文体的对等关系。

奈达后来在其与德瓦尔合著的《从一种语言到另一种语言:论圣经翻译中的功能对等》一书中,将"动态对等"改为"功能对等"。对此,奈达解释道:在"动态对等"的理论下,译文很容易出现差错,相反"功能对等"则能避免这种问题,使译文完好地反映出翻译的交流功能。

根据"功能对等"理论,在实用文体翻译中,译者首先必须保证译文的文体信息内容与原文的文体信息内容保持对等。其次,要保证译文的信息内容风格与原文的信息内容风格对等。最后,要保证译文的文化信息内容与原文的文化信息内容对等。总之,要保证语言真实性的对等关系。

二、标准依具体文体而定

众所周知,实用文体涵盖的领域非常广泛,如商务文体、旅游文体、法律文体、文学文体等。因此,实用文体的翻译受文体以及形式变化的影响非常大,导致文体翻译的标准也呈现出多元化的形式。换句话说,在翻译实践中,译者要根据不同的文体形式来

---

① 卢亮.实用文体翻译原则分析[J].考试与评价(大学英语教研版),2015,(4):31.

确定该文体的标准要求。

我国著名学者王佐良提出，要根据文体定译法，也就是说，译者应根据不同的文体形式来决定所要采用的文体译文方式。

英国翻译理论家纽马克（Newmark，2001）根据 Karl Bühler 的语言功能学说，在 1988 年把文本分为呼唤型文本、信息型文本和表达型文本三类（表 7-1）。纽马克认为，很少有文本纯粹地属于这三种文本类型中的某一种，大多数都是以其中一种为主，兼具其他功能。

表 7-1　纽马克的文本类型分类

文本类型	呼唤型文本	信息型文本	表达型文本
语言功能	以读者群为中心，号召读者按照作者的意思去行动、思考、感受或者做出反应，往往使读者群迅速理解接受的语言	提供信息，强调事实，通常使用不带个人特色的标准语言	核心功能在于说话者或者作者运用这些话语表达其思想情感，不去考虑读者的感受
语言特点	对话性质（dialogic）	合乎逻辑（logic）	富有美感（aesthetic）
文本特征	典型的外宣文本主要包括各种公共宣传品，如公示语宣传手册、政治口号、公益或商业广告等	典型的外宣文本主要包括新闻报道、报纸杂志文中以及各类报告	典型的外宣文本包括政府文件、政治演说等
文本焦点	侧重呼唤（vocative-focused）	侧重内容（content-focused）	侧重形式（form-focused）
翻译原则	遵循"读者第一"的原则，适用交际翻译，把读者及其反应作为核心，注重可读性，要求做到通俗易懂	遵循"事实第一"的原则，适用交际翻译，其语言往往是中性的，没有明显的个人特征或地域色彩，力求通顺易解	遵循"作者第一"的原则，适用语义翻译，最大限度地传递原文的语义信息和美学信息
翻译目的	唤起读者反应	传递相关内容	传递美学形式

（资料来源：张健，2013）

在纽马克看来,文本类型对翻译方法起着决定性的作用。其中,呼唤型文本与信息型文本适用交际翻译,表达型文本则适用语义翻译。也就是说,对于信息型以及表述型实用文体形式,译者要重点考虑译文与原著的对等一致性,无须过多的语言修饰。而对于呼唤型文体,译者须重视对语言的修饰,以吸引读者的眼球,给读者留下深刻印象。

第三节　文体翻译的具体应用

上述我们探讨了文体学以及文体翻译的标准等内容,这里我们就以商务文体与旅游文体为例,探讨文体翻译的具体应用。

一、商务文体的翻译

(一)商务文体概述

近年来,随着经济全球化的不断发展,国家间的贸易往来越来越频繁,各国间更加注重经济上的交流与合作。在商务交流过程中,商务翻译的作用非常突出,尤其是商务英语翻译越来越受到人们的重视。

商务英语是以英语语言为基础的一门学科,具有英语语言学特征;同时,商务英语是英语在商务活动中的运用,需要将商务知识与英语语言能力相结合,是英语的一个重要功能性变体。因此,商务英语除具有英语的一般特点外,还具有自身独特的一些语言特征。

1.专业术语丰富

所谓专业术语(technical terms)是指适用于不同学科领域或专业的词汇,其具有明显的文体色彩和丰富的外延、内涵,是用来正确表达科学概念的词。商务往来中少不了商务英语尤其是大量专业术语的使用。

在商务文体中,有些术语是普通词汇在商务英语文体中的专用。例如,All Risk 在保险领域应理解为"一切险",而不是普通英语中的"所有危险"。再如,At Sight 在国际贸易支付英语中的意思是"见票即付",并非是普通英语中"看见"的意思。在商务文体中,还有些词汇是仅仅用在商务活动中,这些专业词汇在普通英语中基本不会使用。需要指出的是,专业术语与行话并不是同一个概念。专业术语属于正式用语,而行话在非正式用语中经常使用。例如,know-how(专业技术),cargo interests(各货方)等。

总之,商务文体中的专业术语非常丰富,译者在翻译过程中要正确理解这些专业词汇的含义,以免产生误译。

2. 正式词汇使用较多

一方面,商务英语文体用词需要简单易懂;另一方面,由于商务活动涉及双方的利益,因此为了保证合作双方的利益,在选词时需要做到天衣无缝。正式词汇更能确保商务文书的准确性、严谨性,并增加文本的慎重感,所以正式词语在商务文体中的使用频率非常高。例如:

ask 可以用 request 代替

end 可以用 expiry 代替

prove 可以用 certify 代替

like 可以用 along the lines of 或 in the nature of 代替

before 可以用 prior to 或 previous to 代替

3. 缩略语丰富

商务活动讲究务实高效,而缩略语化繁为简、快速便捷的特点使得其在商务表达中十分受欢迎。所谓缩略语就是人们在长期的国际商务实践中,约定俗成、演变而确定下来的词汇。商务文体中的缩略语大致有四种,即首字母缩略语、首字母拼音词、拼缀词以及截短词。例如：

CSM← corn,soya,milk 玉米、黄豆混合奶粉

CAD← Computer-Aided Design 计算机辅助设计

medicare← medical＋care 医疗服务

trig←trigonometry 三角学

flu←influenza 流行性感冒

taxi←taximeter cab 出租车

4.长句较多

虽然在商务活动中人们比较喜欢用简洁的语言来交流,但为了防止出现歧义,引起不必要的纠纷,人们需要清晰地表达出来所要说的是什么,这就导致商务文体中经常出现句义完整、严密的复杂句。当然,商务文体中的复杂句并不是啰嗦冗长,而是必要的表达方式,它可以使要表达的概念和内容更加清晰明了,使行文更加严谨。

5.被动语态频现

被动语态是语法范畴中的概念,用在商务英语中可以起到很好的效果。被动语态更多展示的是客观事实,具有说服力,强调核心内容,减少人物作为主语所带来的主观色彩。在商务活动中突出商务内容,可增加可信度和文体的规范性。因此,为了语言表达的客观性、逻辑性、严密性,商务文体中应多使用被动语态。

6.礼貌语的大量使用

无论是在日常的社交中还是在重要的商务场合,与他人建立良好的关系都是非常重要的,因此商务英语的措辞与表达一定是礼貌的。在商务往来中,礼貌谦逊会给他人留下良好的印象,从而促进后续合作更顺利地展开。在商务文体中,要做到语言的礼貌得体可以从以下几个方面入手。

第一,弱化肯定语气。一些具有弱化功能的表达方式,如 I

think，I hope，I regret，please 等可使建议更加易于接受，从而有利于国际商务交际目的的实现。

第二，使用进行时。进行时常表示暂时进行的动作，因此商务英语常通过进行时的使用来表达观点，这就意味着请求不是深思熟虑的结果，而更像是一时的想法，从而使双方都保全了面子。

第三，委婉拒绝。当交际一方不能接受对方的请求、建议时，如果直接使用否定句，既会损害对方的面子，也不利于取得满意的沟通效果。此时，应使用一些固定的委婉拒绝表达法。

第四，使用虚拟语气。在商务活动中，交际双方常常会提出自己的意见，当不能得到满意答复时，应将交际中"威胁对方面子"的负面影响降至最低，此时可以使用虚拟语气。

7.修辞手段丰富

商务英语讲求表达客观、实事求是，而修辞是修饰言论，即在使用语言的过程中，利用多种语言手段以收到尽可能好的表达效果。表面上看，商务英语和修辞之间似乎毫不相关，更不应该有联系。事实上，商务文体中常常使用各种修辞手段，二者相得益彰，十分和谐。这是因为修辞作为增强语言表达效果的有力武器，可以有效增强商务英语的生动性、艺术性和感染力，从而加深读者的印象。例如：

They murdered us at the negotiating session.

谈判时他们枪毙了我们的方案。（夸张）

The negotiants' eyes and ears are run to everything the counterpart does.

谈判者们的注意力完全放在了对方的一举一动上。（借代）

The loss of jobs is regarded by some as a necessary evil in the fight against inflation.

有些人认为要遏制通货膨胀就难免有人得失业。（隐喻）

A royalty is regarded as a wasting asset as copyrights, patents, and mines have limited lives.

如同版权、专利和矿井都有其使用寿命,专利使用费是一种可耗费资产。(拟人)

(二)商务文体翻译的策略

1.遵循商务英语的翻译原则

任何翻译活动都要遵循一定的翻译原则,如此才能更顺利地完成翻译任务。在商务英语翻译中,译者需要遵循的原则有很多,如简洁、通顺、专业、准确等原则。这里重点强调严谨准确原则与规范统一原则。

首先,译者在翻译过程中,要保证书面翻译和语言表达符合基本规范,保证双方的利益,了解不同领域和流程中语言使用上的差异。

其次,如前所述,在商务文体中有很多专业术语,译者翻译时不能随意变化这类词汇的意思和表达,必须正确使用,以免影响商务交际效果。

最后,在涉及基本的细节问题,如时间、质量、价格等时,译者要把握好分寸,在遵循准确原则的基础上,尽量用简洁的方式来表达完整的内容。

2.掌握商务文体相关专业知识

在商务贸易往来中必然会涉及许多专业知识,如国际贸易、金融领域等,且随着经济全球化的发展越来越快,国际商务活动和交流也越来越多,新的词汇不断出现,这是必然趋势。这就要求译者首先要多关注商务领域出现的新词汇,其次要多方面地了解商务领域的专业知识。

总之,商务文体译者只有充分了解相关商务英语的专业知识,了解相关的文化背景等,才会译出更加准确的译文。

3.了解不同国家的文化背景知识

翻译是语言之间的转换活动,而语言本身是文化的重要组成部分和反应,因此翻译必定受文化因素的影响。商务文体的翻译也不例外。不同国家有不同的社会制度、历史条件、文化环境、思维方式等,这些差异都很容易使译者在翻译过程中产生分歧。因此,为了更好地翻译商务文体,译者必须全面地了解并掌握不同国家的文化背景知识。在此基础上,译者要本着认真负责的态度,避免在翻译时产生误译甚至错译。

4.掌握必要的商务文体翻译技巧

英汉两种语言在词汇、句法、修辞等方面均存在很多差异,加之商务文体有其自身的语言特点,因此译者在进行商务文体英汉互译时必然会遇到很多困难,这就需要其掌握一定的翻译技巧。在商务文体翻译中,译者可采用的技巧有很多,如直译、意译、反译、增译、省译、创译等。译者在具体的翻译实践中可根据实际情况灵活选用。

一般来说,在翻译中能直译的就尽量直译,在商务文体翻译中直译多用于翻译专业词汇、简单句或带有修辞的语句。如果直译行不通,译者可以采取意译法,舍弃形式而注重意义的传达。译者也可以将属于某种词性的词语转译为属于另一种词性的词语,即采取转译技巧,如动词转译为名词、名词转译为动词或形容词、形容词转译为名词或动词等。在处理复杂长句的翻译时,译者可以采用顺译法、逆译法及综合法等。此外,在商务广告的翻译中,译者还可大胆采用创译法,充分发挥想象力,将原文的意境翻译出来。

二、旅游文体的翻译

随着旅游业的发展,旅游文体的翻译日显重要。由于中外游客在文化背景、语言特点和风俗习惯等方面都存在巨大的差异,译者在英译旅游文体时,要根据旅游文体的特点,以及汉语和英语各自的语言特点,选择恰当合适的翻译方法,使译文能最大限度地发挥旅游材料的功能和目的。变译理论就是不同语言和文化背景下旅游文本翻译的有效策略,下面首先对旅游文体及其翻译的基础知识进行介绍,然后重点介绍变译理论在旅游文体翻译中的具体运用。

(一)旅游文体概述

旅游被誉为当代的"无烟工业",属于第三产业,其本质上是一种"文化产业"。由于旅游业是一种多种产业集合在一起构成的,如交通业、餐饮业、住宿业、娱乐业等,这使它的形式多样且分散,所以旅游的概念就较为模糊。直到 1955 年,旅游的概念才由世界旅游组织确定下来,即旅游是人们为了休闲、商务和其他目的,离开他们惯常的环境,到某些地方去以及在那些地方停留的活动。英语作为一种全球性的语言,被广泛运用于各个领域,旅游业也不例外。于是,关于旅游方面的英语词汇和书籍开始慢慢融入人们的生活,旅游文体的重要性也日益突出。

翻译行为始于源文本。译者在翻译前首先要对源文本进行分析。方梦之认为,源文本的特点之一就是需要不同翻译策略的语体特征,另一特点是反映了语言与文化的关系。

上述提到,纽马克将文本类型分为呼唤型、表达型、信息型三种。对于旅游文本来说,很难将其归为某一种,一般来说,它被普遍认为是应用型文本。贾文波(2004)将其归类为呼唤型文本。陈刚(2004:313)认为,旅游文本是这三种类型的综合体,是个复杂的文本类型。旅游文本的功能性十分突出,它的主要功能是向游客提供信息并使他们能理解、接受它所传递的信息,激发读者的旅游欲望,最终采取行动。因此,在进行旅游材料翻译时,译文如果无法达到这样的效果,那就不能算是成功的翻译。

方梦之(2005:25)认为,虽然实用文体门类繁多,文体的正式程度跨度很大,但它的功能特征主要表现为信息性、劝导性和匿名性。实用文体的基本功能是荷载人类社会的各种信息,因此"信息性"往往是重内容而轻形式;"劝导性"文本多具有宣传的性质,更注重译文效果和读者反应,试图唤起读者去行动;"匿名性"主要是指实用文体的各类文本缺少甚至没有作者或译者个性,而是按照一定的(约定俗成的)程式行事,另外是指许多文本不注明作者和译者姓名。旅游文本的一个主要功能是传递信息(信息性),另一个主要功能是吸引游客(劝导性),并且它的作者是匿名的(匿名性)。这些特点决定了译者在翻译旅游文本时,为了传递信息并达到一个比较满意的效果,可以忽略源文本的形式;其次对于译者来说,作者因素并不重要,重要的是语篇提供的信息及信息传递的效果。

相比其他实用性文本,旅游文本承载了更多的文化信息。例如,旅游景点的宣传册子上会包含国家历史、地方文化等文化信息,而这些信息与读者的理解力和接受度相关。另外,除了语言的不同,不同的文化背景决定了不同的文本标准和行文习惯。这两点要求译者在翻译的过程中必须重视文化信息。

此外,尽管实用性文本不同于文学作品,但事实上很多旅游文本中包含了诗句、对联等文学性较强的语料。因此,一些行文风格比较复杂的旅游文本同时具有文学作品的表情性、意象性、艺术美。在翻译此类旅游文本时,译者可以使用不同的风格,而且可以多种风格兼具,把旅游文本的特殊性与翻译理论有效地结合起来,才能达到更好的翻译效果。①

(二)旅游文体翻译的原则

1.忠实原则

忠实原则是任何翻译活动都必须遵循的基本原则,旅游文体翻译同样如此。忠实原则要求译者在翻译时要遵循旅游文本的功能和目的,忠实地传达原文信息。

旅游文体的目的大多是吸引读者的注意,向读者传达信息,

---

① 常瑞娟,王燕.变译理论在旅游文本翻译中的应用[J].晋中学院学报,2018,(1):99-100.

因此翻译时必须考虑其在译入语中的功能和目的。汪宝荣（2005）曾指出，外国游客远道而来，吸引他们的不仅仅是花草树木、山河湖泊，更是景点中所蕴含的文化特色。因此，翻译旅游英语文体时在忠实传达实质性信息的同时，要注意旅游文体的宣传语气，进而从形神两个方面做到对原文的忠实。

2.呼唤性原则

旅游文体通常具有以下两大显著功能。

（1）信息功能，即能为读者提供尽可能多的关于旅游目的地的各方面信息，如自然、地理、文化、风俗等。这可以帮助旅游者对旅游景点进行全面深入的了解。

（2）呼唤功能，即能刺激读者采取旅游行为。呼唤功能是旅游外宣文体区别于其他实用文体的最大特点。

刘金龙（2007）指出：旅游宣传资料的主导功能在于其指示功能，它是以读者为中心的，向读者发出"指示"。要保留旅游文本在目的语的这一功能，译者必须注重传达出其中的"诱导"或"呼唤"的语气，让读者读完译文后真正"有所感、有所悟、有所为"。

因此，在旅游文体翻译过程中，译者要重视英汉语言及表现手法方面存在的差异，从而使译文能够准确地将原文的"呼唤"语气再现，以便更好地诱导读者。

3.文化迎合原则

文化迎合原则是指旅游文体的翻译要迎合目的语读者的文化和审美诉求，灵活处理好文化和美学概念。旅游文体包含丰富的文化信息，常涉及不同地方的历史文化和风俗习惯。但中西方民族在文化、审美、思维方式等方面有很大的差异，所以在翻译旅游文体时必须对此加以注意。具体来说，应在尽可能保存原文文化信息的基础上最大限度地满足译入语读者的审美预期，从而达到翻译宣传的目的。例如：

Bright red costumes, with hats, shoes and stocking to

match,are to be all the craze in the Spring. Smart women will have to be careful not to yawn in the streets in case some short-sighted person is on his way to post a letter.

鲜红的服装,配上帽子、鞋子和袜子,在春天是一时流行的时尚,精明的女士们要小心,不要在街上打哈欠,以免碰上某个要去寄信的近视眼把你当成红色的邮筒。(注:英国的邮筒是红色的)

在英国,邮筒往往被漆成红色,上述原文中通过利用这一文化背景知识取得了幽默的效果。如果译者不将其中的文化背景信息展现出来,不了解这一背景知识的译入语读者就难以理解原文所传达的意思。因此,翻译时,应通过增词和加注释的方法,将原文中的文化背景知识介绍给读者,这样读者才能理解原文的幽默之处。

(三)变译理论与旅游文体翻译

变译理论自提出以来,受到越来越多的学者关注。变译是相对于全译而言,它的突出特点就是为了满足读者的特定需求而有意识地变译原作。这一特点和旅游宣传材料的目的不谋而合,因此在翻译旅游文本时结合变译理论是十分有效的,也具有重要的现实意义。

1.变译理论的本质

黄忠廉教授在《变译理论》一书中首次系统地阐述了这一理论。变译理论是从变译实践中概括出来的反映变译的本质和规律的科学原理和思想体系,它以变译为研究对象,研究变译过程的一般特点和规律,寻求总的适于一切变译方法的一般原理和方法。变异理论的提出体现了翻译的价值。翻译的最大价值在于内化外来文化(柯飞,1996)。把英语文本翻译成汉语的过程即是一个外来文化的内化过程;与之相反,把中文旅游文本翻译成英语的过程则是对中国文化的输出。旅游翻译是一种跨语言、跨社会、跨文化、跨心理的交际活动。笔者认为,这一过程应该是文化信息的有效传递，而不一定是等效传递。译者首先要考虑读者的文化背景、接受效果以及译文的可读性。基于这样的目的，译者在翻译时可以对原作进行变译。旅游翻译的目的是为了让读者能以自己的文化背景和知识水平更好地接收信息。变译则通过整合一些常用的变通手段如摘译、编译、缩译、综述、改译等，进行语言上的变译，它对原作是一种"扬弃"，因此变译后的旅游文本信息量会发生变化，变多或是变少，而质则得到提高。

（1）变译理论在翻译实践中的应用

总体来讲，基于不同文化影响下的英译汉或者汉译英都应遵循相同的翻译原则，如动词的变化、合适的名词、例子等。对于全译和变译，黄忠廉（2202:28）做了一个信息的对比，其二者之间的关系如下：第一，A＜B，如摘译；第二，A≈/≤B，如编译，有着基本相同的内容且具有更好的文本功能；第三，A＞B，如译写、评译、阐译等。为了使读者能在第一时间理解意思，节省译者精力，更快速地介绍信息给读者，译者可通过删除、改编、缩减、合并等手段，对信息进行浓缩，这是黄教授最为提倡的方法。

源文本的重构也是一个重要特点。一般来说，英语文本以其特有的方式来传播及配置信息。当英语文本的表述方式不适合中国读者的思维习惯时，译者应该对源文本进行重构，挑选出有用的、有趣的信息，删减掉不相关和不合适的信息，使文本内容更加合理。当译者试图向世界展示中国文化时，在翻译的过程中要注意变体的导向。此处举一个引自《变译理论》（171）中的例子。

Californians and New Englanders are both American. They speak the same language and abide by the same federal laws. But they are very different in their ways of life. Mobility—both physical and psychological—has made a great impression on the culture of Californians; lack of mobility is the mark of the customs and morality of New Englanders.

译文1:加利福尼亚人和新英格兰人都是美国人。他们说同样的语言,遵守同样的联邦法律。但他们的生活方式却不大相同;易变好动,包括身体上的和心理上的,是加利福尼亚文化的显著特点;墨守成规,则是新英格兰人的习惯和道德上的特征。

译文 2:加利福尼亚人和新英格兰人都是美国人,操同一种语言,守同一法律,其生活方式却不同;前者易变好动,后者墨守成规。

汉语具有重意合的特点,译文 1 采用了逐句翻译法,虽然意思能理解,但是不具有汉语表达的特点。而在译文 2 中,黄教授使用两个四字格词语"易变好动"和"墨守成规"来翻译 Mobility—both physical and psychological 和 lack of mobility is the mark of the customs and morality of New Englanders 这两句话。"易变"体现在心理态势上,"好动"体现在行动上,而"墨守成规"则体现了思想上的保守。黄教授的译文将英语的重形态转换为汉语的重意合,更适合汉语读者的理解。因此,译文 2 要比译文 1 更容易被认可。

(2)变译理论存在的问题

一个理论应该应用于特定的领域。自变译理论提出后,它不仅仅是作为信息翻译的工具,还兼具交际功能被应用在更广泛的领域。然而,变译理论的提出者黄忠廉教授也认为这一理论并不适合所有的文本翻译。即便是作为应用型文本的旅游景点介绍文,翻译变体也并非完全适合。译者在采用变译方法的时候要慎之又慎。在《变译理论》第 119 页到 120 页的例 7~8 中,原文用 500 多个汉字描述了中国南北方在服饰上的整体区别,介绍了中国少数民族的不同服装特点,包括侗族、苗族、彝族、蒙古族和藏族五个民族。这 500 多个汉字被缩译成一句英文:"There are 56 ethnic groups in China and each boasts its own community costume with unique characteristics."译文尽管遵循了交际中基本信息的传递,但它丢失了太多原文中的信息。

黄忠廉教授(2002:120)提出:"浓缩不能过度,过度则原作内容不能被外国读者理解。"但是仅仅"理解"是不够的,被读者理解并不是源文本的最终目标。许多读者不仅期待能理解,更想要"学到"文本中传递的信息。因此,信息缩减应该有一个尺度,应适度浓缩,使所负载的信息量达到最大值。

变译的原则是运用变译的依据,是具体操作方法的指南,是实用的理论法则。变译的变,并不是随心所欲地改变,要遵循变译原则,要考虑到原作与读者等诸多因素。例如,摘译至少要遵循下列原则:结构的整体性原则、摘选的针对性原则、内容的简要性原则、内容的重要性原则、内容的选择性原则和翻译的客观性原则等。变译者打破全译(完全翻译)的常规,在原作自身和特殊译者之间达成互利和合作。遵循变译原则,不能随心所欲地"变",要最大限度地避免问题的产生。

2. 变译手段在旅游文本翻译中的实例分析

这里以山西部分旅游景点介绍词为例,以变译理论为依据,来探究部分变译手段在旅游文本翻译中的应用。

例1:(王家大院)

谦吉居——二十世王奎聚的宅院。王奎聚通晓书画,精于医术,道光二十四年,报捐未入流,后游幕山东阳谷。咸丰四年二月。太平军扰城,仗剑奋抗,城陷后身亡,奉旨优恤崇祀昭忠祠。院内现存计时日晷一座。

译文:

Qianjiju—here is wangkuiju's house. He mastered the painting and calligraphy and was skillful in the doctor. Experiencing the failure to be a government official through donation. He went to Yanggu of Shandong as Mu Liao (assistant to a ranking official or general in old China). In February of Xianfeng 4th year, he rose in resistance and died after the Taiping Army captured the city.

分析:

在这段文本英译材料中,用到了变译理论中阐译这一变译手段,在旅游文本英译时,应该考虑到读者都是外国人,对中国历史不甚了解,有些信息需要一番阐释才能交代清楚。译文中对"幕僚"这一词语进行了阐译,以便缺乏中国文化背景知识的外国读者了解。而在翻译"道光二十四年""咸丰四年"时,译者没有进行阐译,读者可能不知道"道光二十四年""咸丰四年"是什么时候。此处也应该加以阐译,把"道光二十四年""咸丰四年"换算成公元1845年和公元1854年,以夹注的方式用括号标示插入正文中,这样的话,没有中国历史背景知识的外国人也能清楚地了解这个年代。

另外,译文对原文做了删减,最后一句"院内现存计时日晷一座",译文选择了摘译没有对这一句进行翻译,但是这一句作为原文中的重要信息,笔者认为不应该被省略。信息缩减不应过度,过度浓缩会导致信息丢失,这里就是一个过度浓缩的例子。

例2:(五台山)

山西省五台山是闻名中外的佛教圣地,境内迄今仍保存着北魏、唐、宋、元、明、清及民国历朝历代的寺庙建筑47座。

译文:

On Wutai Mountain,located in Shanxi Province,there are 47 temples built during the seven dynasties from Northern-Wei (386-534) to the Republic of China (1912—1949).

分析:

在例2中,汉语突出历朝历代是为了表示其历史悠久、文化丰富,因为中国人一看就明白,而国外读者可能就不太清楚。所以在翻译时,译者对"北魏、唐、宋、元、明、清及民国历朝历代"进行了编译,这样既免去了逐一翻译七个朝代会导致外国读者的困惑,又使译文主题突出,简明扼要,保持了译文的明确通畅。

例3:(乔家大院)

子孙贤族将大;

兄弟睦家之肥。

译文:

Virtuous offspring would make the clan flourish;

Harmonious brothers would make the family prosper.

分析：

例3是山西祁县乔家大院的一副对联。古联比较难懂，关键之一是古文的"语用"现当代人不太懂。若将原文直接译出，译文可能缺乏意义连贯，造成跨文化交际的障碍。因此，此处应用了变译方法——译述。译述是译者用自己的语言转述原作主要内容或部分内容的变译活动。译述不带主观情绪和个人偏好，客观地反映原文内容，而不拘泥于原作的形式和内容。旅游景点介绍文当中，诗歌和对联是非常常见的。在翻译古诗和古联的时候，译者首先要对原作"译"成白话，然后再译成英语。例3中，先将古联"译"为"子孙贤能则家族强大；兄弟和睦则家业昌盛"，然后再进行翻译。这样译文既保证了语用层的对应，又语义连贯地表达了原文的意思。

例4：（乔家大院）

大院设计精巧，气势雄伟，布局严谨，外观威严高大，内饰富丽堂皇，既有跌宕起伏的错落层次，又具有变化意境的统一规范，结构讲究，选材精良，斗拱飞檐，石刻砖雕，工艺精湛，各具特色，显示了我国劳动人民高超的建筑工艺，被专家学者誉为"北方民居建筑的一颗明珠"。

译文：

Intricately designed with precise layout, the courtyard holds magnificent outlook and grand interior fittings. The whole architecture combines different layers of outlook with conformity of changing artistic conception. While structurally verified with excellent materials installed and flying roofs and stone carvings of uniqueness, the whole courtyard is such a testament to the excellence of Chinese building craftsmanship and is praised by experts and scholars as "a shinning star of household architecture in North China".

分析：

汉语四字结构的词语十分常见，四字格言简意赅，音韵整齐，抑扬顿挫，颇显文采。翻译成英语时很难在形式上做到工整对仗，形成音韵上的美感。因此，在汉译英时，不能照搬全文，要使用符合英语行文习惯的准确表达，译出其含义，语言尽量简练即可。例4中，原文共有15个四字格的词语，翻译时用变译理论中的"减译"和"译述"两种手段。重新编辑原作结构，再重写原作内容，内容还是原作的主要内容或部分内容，但形式上有了更大的灵活性和自由度，常常是旧貌换新颜（黄忠廉，132）。例如，把"设计精巧"和"布局严谨"两个词重组为一个短语，译成了一句话，既表达了原作意思又做到了语言简练。

总之，汉语的旅游文本往往承载了许多的文化信息，并且呈现出多样的特点，对文学经典的引用、古文的引用、修辞方法的使用等都会使旅游文本在英译时困难重重。变译相比传统的全译，因材施变，但是这里的"变"不仅仅是简化文本和增加效率，它更突出主要信息，并且通过变译增强旅游文本的呼唤和联想功能。①

---

① 常瑞娟，王燕.变译理论在旅游文本翻译中的应用[J].晋中学院学报，2018，(1):100-102.

第八章　语用翻译理论阐释及应用

随着人们对翻译研究的深度和广度的不断拓展,以及现代语用学的发展,翻译研究逐渐转向语用学领域。语用学和翻译学相结合,形成了语用翻译学。语用翻译学在本质上是一种翻译研究的新模式,把翻译活动与各种语用因素联系起来,形成译者的当下视域。语用翻译研究是翻译研究的语言学派的延伸。翻译的语言学途径的确存在局限性,但是近年来已经有了很大的改进,特别是语用学翻译研究对它的缺点有了很大程度上的弥补,使翻译研究转向了理性交往的动态的语用解释性层面。

第一节　语用学及语用翻译观

语用学是传统语义学的延伸,也是一种对意义的研究,关注意义在当下视域的意义。语用学进入翻译领域后,使得人们对翻译中的诸多矛盾有了全新的解释。语用学对翻译有着较强的解释力。

一、语用学

由于西方哲学的语言学转向,语用学(Pragmatics)作为一门独立学科正式确立了。语用学作为语言学研究中的一个必不可少的分支,具有强大的学科生命力。语用学直接来源于语言哲学,并不断吸收其他学科的精华,如逻辑学、人类学、心理学、认知科学、计算机科学和统计学等。要全面认识语用翻译学,首先必须深刻地理解什么是语用学。

(一)什么是语用学

1.语用学的来源

美国符号学家、哲学家莫里斯(Charles Morris)在 1938 年首次提出了语用学。他认为,语用学和句法学、语义学一并构成了符号学的三个分支。在他看来,语用学研究"符号与符号使用者和解释者之间的关系",符号使用者和解释者就是指交际中的人。因此,语用学主要研究发话人和受话人是如何使用语言这一符号来达成交际目的的。后来,他对语用学做了进一步定义:语用学是对"符号的来源、用法及其在行为中的作用"的研究。

2.语用学的定义

现存的语用学的定义包括很多版本,主要包括以下四种角度。

(1)发话人的意义

坎培森(Kempson,1975)认为,语用学是关于发话人为了顺利地完成交际过程而努力寻求合适的言语的理论。

莱文逊(Levinson,1983)从功能的角度出发,认为语用学研究语言结构中被语法化或被编码的语言和语境之间的关系。

尤尔(Yule)认为,话语理解发生在话语生成之后,话语生成就是对发话人意义的解释,因此话语生成特别重要。从发话人的角度来分析,语用学主要研究发话人如何运用特定的语言来表达特定的真实意图以及影响意图表达和理解的语言、语境和语用因素。该研究包括以下三种论题:建议、请求、道歉等言语行为的施为用意;实施言语行为的语用策略;发话人表达的语用移情、语用态度等。

(2)受话人的理解

法索尔德(Ralph Fasold,1993)认为,语用学就是研究如何根据语境来生成意义。

尤尔(1996)认为,语用学是研究如何使听话人达到理解的最大化的一门学问。

这一类的定义侧重研究受话人如何理解发话人的话语,包括以下几种研究层面:分析发话人的话语特征为受话人的理解所提供的线索;语境因素在理解发话人意义中的作用;导致受话人误解发话人的因素以及受话人的受影响程度。

(3)语境与意义的关系

话语是在一定的语境下进行的,语境包括时间、地点、社交距离、上下文等。对于发话人来说,发话人应该首先考虑语境,并据此寻找合适的话语内容;对于听话人来说,听话人要结合语境来理解发话人的意义。

尤尔指出,语用学是一门研究语境意义的学科。

利奇(Leech,1983)从社会语言学的角度出发,认为相同的话语在不同的情境下会生成不同的意义,语用学就是对这个层面进行研究。

(4)语用纵观论

语用纵观论的代表人物维索尔伦(Verschueren,1995)认为,语用学不是研究语言组成成分,而是为分析语言提供了一个新视角,但并没有因此和其他学科划清界限。语用学是从社会、文化和认知的角度来广泛研究语言的使用行为,聚焦于语言的使用与选择。

格林(Green,1996)认为,语用学是涉及语言学、社会学、文化人类学、认知心理学、修辞学和哲学等领域的交叉学科。

与前面的定义不同的是托马斯(Thomas,1995)所下的定义。她认为,交际是一个受多种因素影响的动态过程,言语交际和意义生成都是动态的。语用学研究的就是言谈中的意义,这种意义不是仅仅由发话人生成的,也不仅仅是由受话人理解的,因此语用学研究是一种涉及发话人和受话人之间意义磋商的动态研究。简言之,她认为语用学研究的内容包括发话人、受话人以及影响意义的语境因素。

尽管学界对语用学的定义持有不同看法,但认可度最高的还是戴维斯(S. Davis,1991)给语用学所下的定义。他认为,语用学研究的是语言的使用和理解以及在使用和理解语言时的心理认知。可见,语用学的研究内容既是语言学的研究对象,也是心理学的研究对象。因此,语用学的研究范围包括发话人意义和发话人所指、指引词语、直接与间接言语行为、会话含意、关联理论、前提、语言的非直义用法等。

(二)语用学的学科渊源

1.语用学与哲学

20世纪被认为是一个"语言学对哲学进行改造"的世纪,语言学影响着哲学的各个领域。语用学思想作为语言哲学的产物,体现出"现今的哲学无不带有语用"的哲学特征。哲学"语用学转向"是对"语言学转向"的延伸,是一场用新的方式探索哲学的革命。维特根斯坦(Wittgenstein)、奥斯汀(Austin)等人都将语言学的研究引入哲学探索,是在语用学的基础上寻求哲学新思想。

(1)维特根斯坦的"语言游戏"理论

维特根斯坦作为20世纪最有影响力的语言哲学家之一,在《语言哲学》这本书中提出了"语言游戏"理论,将语言运用比作一种游戏。他通过对语言与某种使用工具的比较,揭示了语言行为的目的性,并发现行为必须要遵守变化的规则,即游戏规则。同时,维特根斯坦强调,语言中的词语、句子这些基本结构是没有真正意义的,语言是因为使用才有价值,是"使用"这一行为赋予了语言价值。

(2)奥斯汀的"言语行为"理论

奥斯汀是一位非常著名且有影响力的语言哲学家,他提出的言语行为理论是语言哲学史上亮丽的一笔。言语行为理论(speech act theory)的核心思想在于,说话就是在行使一种行为。他之所以提出这一理论,是因为三个哲学问题:日常用语与哲学的关系、行为的研究方法论、述谓句和施为句之间的关系。对这三个问题的回答,解决了语言使用的问题,更重要的是解决了哲学意义的问题。

2.语用学与逻辑学

维特根斯坦除了探讨语用学与哲学的渊源问题,还叙述了语用学与逻辑学的渊源。此外,塞尔(Searle)、格莱斯(Grice)等一些知名的语言学家也为逻辑语用学指明了方向。

(1)维特根斯坦的"逻辑哲学"理论

《逻辑哲学论》(*Tractatus-Logico Philosophicus*)是维特根斯坦出版的另外一本著作,其中论述了语言和世界以及语言和思想之间的关系。语言在描述世界的过程中实现了对世界的认识,而命题既是一种具体事实,也是一种抽象思想,因此维特根斯坦将思想看作语言表达工具。维特根斯坦最突出的观点是用图像的模式来分析命题,揭示了语言表达的真正意义。

(2)塞尔的"语用逻辑"理论

基于奥斯汀所提出的言语行为理论,语言学家塞尔进一步提出了语用逻辑理论。塞尔认为,在认同了语用原则之后,就有了逻辑发展。这一理论打破了曾经"无人"的逻辑理论,创立了新的"有人"的逻辑理论,确立了逻辑学在语用学中的地位。

(3)格莱斯的"会话合作"理论

格莱斯代表着日常语言学派,为了解决语用与逻辑之间的实际问题,他提出了会话合作理论。格莱斯将 $\wedge$,$\vee$,$\in$ 这些逻辑符号和英语中的 and,or,some 进行了对比,说明了二者的语义相似性,以及使用上的不同点。因此,格莱斯认为语用学是进行逻辑分析的最重要的手段。同时,语用形式的推理过程也是逻辑学的研究内容。

3.语用学与符号学

既然维特根斯坦、奥斯汀等语言哲学家都一致将交际者的意图作为语用学的研究内容,而交际者就是语言符号的使用者,因此语言符号就成为语用学研究的重点。符号学产生于 20 世纪初期,以索绪尔、皮尔斯以及莫里斯为主要代表人物。索绪尔认为,符号是语言这个具有社会功能的符号系统中最重要的部分。皮尔斯在索绪尔的基础上,澄清了符号学与符号对象、符号理解三者之间的关系问题,这对于符号学成为一门独立的学科起到了重要作用。莫里斯提出了对符号学进行三分法,即句法学、语义学、语用学。如前所述,语用学源于符号学。

4.语用学与社会学

社会学所关注的文化、道德、职业等问题,在某些条件下成为语用研究的社会因素,这就成为语用学与社会学联系的纽带。政治、经济、文化、外交、教育等社会因素影响着语用现象,可以说,语用现象是与社会语言实践紧密相连的社会现象。要分析不同职业的语言特色,有时候还须借助语用理论,如临床语用学、法庭用语等。尤其是在不公平语境下,语用学的社会学倾向要求语用学去关注语言对人们生活的影响。从研究方法上来说,语用学和社会学都以质的研究法作为主要研究方法,二者都重视资料的收集和实地调查等,但是二者也有一定的差异,即它们对材料进行分析时会有不同的切入点和侧重点。

5.语用学与认知心理学

认知心理学是认知语言学和心理学的结合体,因此语用学与认知心理学的关系主要体现在语用学与认知语言学的关系、认知语言学与心理学的关系两个层面上。

(1)语用学与认知语言学

从归属学派上来说,语用学与认知语言学都属于功能主义学派。

从方法论上来说,认知语言学以认知为出发点,以意义研究为中心,旨在解释语言事实背后的认知规律。因此,语用学与认知语言学有着不言而喻的联系。

从研究对象上来说,语用学与认知语言学都以研究语言使用作为对象。语用学研究的是语言的使用和理解,认知语言学研究的是认知能力与语言使用之间的关系。另外,语用学研究的关键就是语言使用者,认知语言学研究的出发点是身体经验,因此都是围绕人进行的。

(2)认知语言学与认知心理学

认知语言学从认知心理学中借用了一些概念和理论,如连续论、连通论、范畴化、典型理论、图式、框架和图样等。连续论是循序渐进地对信息进行加工处理。连通论是指各个步骤同时进行加工处理。范畴和典型属于人类认知的心理过程。在认知语言学领域,将相同的类别放在一个范畴进行分析,有助于加强记忆。典型性理论是指可以运用一个或者几个典型的例子来加以理解。每一个事物都有其典型的特征,认知语言学中的很多现象也不例外,也可以找出其典型的特征进行分析。图式是基于已有经验,将不同的相关概念组合成新的认知框架;框架是描述一系列事件或者特定情境的图式结构;图样是研究特定情境下的人或物及其行为。

6.语用学与语义学

语用学和语义学的研究内容都是语言的意义,但是很多学者对二者之间的界限存在争论。莱文逊认为,语用学是研究语境下的意义,而语义学是研究非语境下的意义,如表 8-1 所示。

表 8-1　话语中的非语境意义与语境意义

话语	非语境意义	语境意义
这儿太热了!	屋子温度很高	开窗/开空调
小孩就是小孩	不是大人	不懂事/很顽皮
水很脏	叙述实在的情况	不能喝/换一杯

(资料来源:何自然、冉永平,2009)

美国著名的语言学者菲尔莫尔（Fillmore）将语用学与句法学、语义学的关系做了明确的比较，如表 8-2 所示。

表 8-2　句法学、语义学、语用学的比较

学科名称	研究内容	备注
句法学	（语法）形式	句法学研究语法形式
语义学	（语法）形式、功能	语义学研究语法形式以及潜在的交际功能
语用学	（语法）形式、功能、语境	语用学设计语言形式、语言形式产生的交际功能以及交际的情境

（资料来源：何自然，2010）

语言研究学界对语用学与语义学之间的关系，坚持以下三种看法。

（1）语用学是语义学的一部分。这一观点认为句子的结构可以表达语用的意义，因此没有必要将语用学独立出来。

（2）语义学是语用学的一部分。维特根斯坦、奥斯汀、塞尔等语言学家认为，语言本身没有意义，是通过使用才找到了意义，因此语用学包含语义学。

（3）语用学与语义学相互独立、相互补充。狭义的语义学研究的是语言本身的意义，而语用学研究语言在语境中的意义。

7.语用学与修辞学

语用学和修辞学最早出现在古罗马时期。亚里士多德（Aristotle）的《修辞学》涉及很多语用学思想。另外，欧洲中世纪大学也主要教授语法、逻辑和修辞这三门功课。语用学和修辞学在语言学背景、研究内容、研究规律上非常相似，但在研究视角、方法上存在某些差异。

（1）语用学和修辞学都是语言学发展的必然产物，有着相同的语言学发展背景，都诞生于 20 世纪初期，并且兴起于七八十年代。语用学和修辞学的研究论题非常相似，都涉及意义和语境。另外，语用学和修辞学在探讨语言规律上也极其接近，前者是以

意义的解释为出发点,后者是以意义的表达为出发点。语用是语言的一种选择,而修辞也是一个选择的过程。

(2)语用学与修辞学有着不同的研究内容、不同的研究视角。修辞学研究如何提高语言表达的效果,而根据前面已经论述的语用学的研究内容可知,二者截然不同。修辞学的研究视角是发话人,而语用学的研究视角不止一种,因此二者存在明显的差异。

二、语用翻译观

语用翻译观把思维规律和语言规律及言语规律放在本文本、本话语的视域中,开辟两种语言之间的特定交流空间,并在此语域内寻求当下意义的等效过渡。特别是在翻译陷入困境之时,译者所形成的语用翻译观尤为重要。

(一)国外语用翻译研究

1.哈蒂姆和梅桑的研究

哈蒂姆(Hatim)和梅桑(Mason)两位学者是国外将语用思想引入翻译研究的先驱。两位学者重点关注的是合作原则、言语行为与翻译的关系。两位学者也强调了语境在源语理解中的作用,并认为源语与译语、译文与读者之间的关联性,以及译者与读者间的文化语境是译者在翻译时需要慎重考虑的因素。

2.贝尔的研究

英国著名语言学家贝尔(Bell)从认知的角度切入,研究了不同语言间的翻译行为。贝尔剖析了翻译的环节和阶段,认为翻译包括视觉词汇识别系统及书写系统、句法处理器、语义处理器、语用处理器、思维组织器以及计划器等环节,并且包括分析阶段和综合阶段两个阶段,且每一个阶段都涉及句法、语用、语义这三个层面的一系列操作。通过语用分析器的分析和语用综合器的过滤和综合,翻译才能顺利地进行。

其中语用分析器主要包含以下两个功能。

(1)进入语义分析器的信息,包含多种成分,语用分析器就是要分离其中的主谓成分。

(2)进入语义分析器的信息,在语篇基调、语篇范围和语篇方式上有着不同的特点,语用分析器也要对这一点进行分析。

语用综合器主要包含以下三个功能。

(1)源语文本传递了某种意图,语用综合器要对此进行处理。

(2)源语文本包括多种结构,语用综合器对其中的主位结构进行处理。

(3)源语文本的风格可能是多元化的,语用综合器还要处理源语文本的风格。

可见,语用分析和语用综合的过程,都要求译者根据主题、信息和语境恰当地选择语域与主谓结构,准确地处理源语文本的意图、风格、言语行为。

3.格特的研究

格特(Gutt)提出了关联翻译观,即从认知的角度来解释翻译,将关联视为规范翻译的基本原则,并认为翻译涉及以下四个层面的内容。[①]

(1)一种语言交际行为。

(2)一个与大脑机制相关联的推理过程。

(3)一个寻找关联链和最佳关联的认知过程。

(4)一个阐释源语的"明示—推理"活动。

其实,翻译的过程可以简化为两个"明示—推理"的活动,译者所要做的是根据不同的语境和读者,将源语文本作者的意图与预设再现出来,并尽量使其契合读者的期望。另外,格特进一步

---

① 曾文雄.语用学翻译研究[M].武汉:武汉大学出版社,2007:34.

将翻译区分为"直接翻译"与"间接翻译"。前者旨在实现原文"语言特征的相似性",后者旨在实现原文"认知效果的相似性"。

4.利奥·希金的研究

利奥·希金(Leo Hickey,2001)汇编了《语用学与翻译》(*The Pragmatics of Translation*)一书,其中阐述了语用学对翻译活动的作用,阐述的维度非常多样化,包括新信息与旧信息、话语连接词、前提与指示、模糊限制语、语义前提和语用前提以及合作原则与文学翻译等。同时,利奥·希金还将语用翻译理论与具体的翻译实践联系起来,认为原文和译文的等值体现在译文读者获得与原文读者感受的相似程度,进行语用翻译研究就对此有一定的促进作用。

(二)国内语用翻译研究

20世纪下半叶,在香港大学举行的翻译研究研讨会拉开了国内语用翻译研究的序幕,并就英汉翻译中的语用对比问题进行了分析。

1.赵元任的研究

中国语言学家赵元任在《译文忠实面面观》一文中强调了语义对语境的依附性,将功能与语用等同起来,并认为语用的对等要明显高于语义对等。例如,应该将 wet paint 翻译成"油漆未干",如果翻译成"湿漆"就不对。

2.曾宪才的研究

曾宪才(1993)将语义、语用和翻译联系在一起,并据此阐释了语用翻译观。曾宪才认为,如果说翻译承担着某些任务,那么其中最不应该卸掉的任务就是再现原文的意义。原文的意义不仅包括语义意义,还包括语用意义,其中再现语用意义是译者的重中之重,主要包含表达义、社交义、祈使义、表征义、比喻义、联想义、风格义、主题义、时代义等。

3. 何自然的研究

基于对奈达(Nida)的"动态对等翻译"的观点的研究,何自然认为语用翻译就是一种等效的翻译,这就是他提出的语用等效翻译理论。他还将语用等效翻译理论区分为语用语言等效翻译理论和社交语用等效翻译理论。前者是以语言学层面为出发点,为了再现原文内容,译文可以选择一切语言形式;后者以跨文化、跨语言为出发点,旨在实现译文的跨语言交际过程。

何自然指出,翻译活动涉及很多关系的考量,其中最明显的就是原文作者、译者、译文读者三者之间的关系。在这种情况下,译者要通过分析语境与原文内容的最佳关联性,并借助语用学策略来处理两种语言的文化差异,从而实现两种语言的语用等效。

为了让人们理解语用等效翻译理论,何自然通过以下例子进行了说明。

宝钗独自行来,顺路进了怡红院……不想步入院中,鸦雀无闻。

（曹雪芹《红楼梦》）

译文 1：… The courtyard was silent as she entered it. Not a bird's cheep was to be heard.

（Hakes 译）

译文 2：… To her surprise, his courtyard was utterly quiet.

（杨宪益夫妇 译）

在上述两个译文中,译文 1 认为院子里面有鸟,只是没有鸟叫声;译文 2 没有涉及鸟,却再现了原文所创造的寂静氛围,因此这种译文符合语用语言等效翻译理论。

4. 钱冠连的研究

钱冠连(1997)的"语用翻译观"认为,翻译者研究应处理混成符号束、语境和智力干涉的参与与干涉之下的语义隐含。在处理这些问题时,需要注意以下三点。

(1)必须在译文中保留源语作者的隐含意图。

(2)对这些隐含意图的处理必须考虑混成符号束、语境和智力干涉,并在忠实原作的基础上进行再创造。

(3)要十分关注"文化亏损"的问题,保证等值翻译更加完美可译。

总体来讲,在语用翻译研究初期国内学者认识到了结构主义语言学翻译的局限性,并且为了解决语言翻译中的问题而努力扩大语言翻译研究的视角,这一段时间语用翻译研究关注的重点是文化差异。

第二节　语用翻译的策略

语用学翻译关注的不只是语言转换,还有意向、心理和社会因素的转换。为了实现准确的转换,译者必须掌握语用翻译的几种策略。

一、零翻译策略

零翻译在早期世界各国翻译中已广为应用,后来传到了我国。当直译和意译都无法达到良好的效果时,零翻译可能是一种理想的翻译策略。零翻译看似没有翻译,其实非常准确,因为零翻译的文本包含了源语的一切信息。

零翻译包括三种情况:第一,不译原文中的某些词语;第二,不用目的语中现成的词语译原文的词语;第三,转写(移译)。

(一)不译原文中的某些词语

英语和汉语有着巨大的语言结构差异,在进行翻译时需要进

行适当的调整,源语中的某些词在目的语中可以不译出来。例如:

The earth goes around the sun.

地球绕着太阳转。

在这个例子中,定冠词 The 就没有在目的语中翻译出来。

He was thin and haggard and he looked miserable.

他消瘦而憔悴,看上去一副可怜相。

在该例中,源语中的人称代词 he 也省略不译。

Different kinds of matter have different properties.

不同的物质具有不同的特性。

在上例中,源语中的量词 kinds 没有在目的语中翻译出来。

(二)不用目的语中现成的词语译原文的词语

不用目的语中现成的词语译原文的词语,而是用读音相近的字词再现源语字词语音的情况,相当于音译。需要强调的是,这种策略不是机械地译音,而是要认真地选择字词。例如:

Bar 吧

秀 show

Fans 粉丝

派对 party

酷 cool

伊妹儿 e-mail

黑客 hacker

可见,音译是创造性地用目的语的语音符号传达源语的语音符号的意义,并且要表现得非常自然和对等。

(三)移译

移译则是把源语中的词语原封不动地移到目的语中。它保留了源语的文化外壳,达成了一定的交际效果,因此可以被视为一种有效的语用翻译策略。

移译具有以下三种形式。

一是完全移译，即从英文中完全挪用过来而未做任何修改。例如，CT，ICU，CD，VCD，DVD，DNA 等缩略词。

二是移译＋类别词，即取源语的一部分或者全部，并加上类别的限定，如 U 形管，U 盘等。

三是移译＋意译，这是对移译＋类别词的补充，如 X-ray 一词译为"X 射线"。

二、嵌入语用含意策略

在交际中，说话者想要传递的可能并非是语言的字面意思，而是需要听话者根据语境推理说话者的言外之意，也就是语用含意。语用含意具有主观动态性，所以翻译起来很难把控。为了保证译文读者体验和原文读者相同的感受，译者需要嵌入语用含意，保留原作者叙述语言与作品人物话语的隐含意图。例如：

He is as drunk as a fiddler.

他酩酊大醉。

在这个例子中，这个英语俗语背后有着特定的文化背景。很久之前，如果英国小提琴手为舞蹈伴奏，人们通常摆设酒席感谢这位小提琴手，而这时小提琴手经常会以喝醉收场。这个俗语就体现了英汉语言的文化空缺。如果直译，不了解这一文化背景的中国读者会感到很困惑。

在汉语中，有一种特殊的语言结构，既可以作为一个词语来充当句子成分，也可以被人们赋予声调而成为一个句子，它就是四字成语。四字成语大部分来源于中国传统的神话、寓言，因此很难在英语中找到对等的语言。此时，就可以使用嵌入语用含意这一翻译策略，呈现成语的整体意义。例如：

天涯海角

the ends of the earth

十拿九稳

practically certain

天造地设
be created by nature

第三节　语用翻译的具体应用

莱文逊(1983)根据学者们不同的语用观将语用学研究阵营划分为两大流派:英美学派和欧洲大陆学派。英美学派认为,语用学与语音学、音系学、句法学、形态学、语义学等一样构成了语言学研究分支,是一种微观语用学(micropragmatics),它主要研究与句子结构和语法有关的内容,如指示语(deixis)、前提(presupposition)、会话含意(conversational implicature)、言语行为(speech acts)、会话结构(conversational structure)等。欧洲大陆学派则认为语用学研究的是一切与语言理解和使用有关的内容,是一种宏观语用学(macropragmatics),除了研究上述这些内容外,还研究话语分析、社会语言学、心理语言学、交际人类文化学(ethnography of communication)、二语习得等方面。与宏观语用学相比,微观语用学更加容易理解和操作,因而更为流行。这两种学派的影响延续至今。

一、微观语用学翻译

(一)语境与翻译

语境(context)是语用学研究中的重要概念,它有狭义和广义之分,狭义的语境指话语使用的上下文,广义的语境指的是和语言使用相关的一切因素,包括语言内和语言外的情境。

1. 对语境的认识

(1)语境的分类
不同学者从不同的角度提出了不同的语境分类标准。

郑诗鼎(1997)认为,从社会学的角度出发,语境可以分为客观语境和主观语境,前者是指客观背景的情况,后者是指参与者的各种情况;从语言学的角度看,语境可以分为言辞语境和社会语境;从文学研究的角度看,语境可以分为上下文语境、情景语境和文化语境。

周明强(2005)将语境分为动态语境和静态语境。动态语境包括与交际主体相关的背景语境与认知语境,交际场所的情景语境,交际过程发生的动态语境。静态语境彰显指称意义、词汇意义、语法意义、理性意义和关系意义等语用意义。

朱永生在对众多语境分类观点进行梳理后提出,语境分类基本是两分法。

第一,局部语境与整体语境。

第二,情景语境与文化语境。

第三,可能语境与真实语境。

第四,物质语境与社会语境。

第五,显性语境与隐性语境。

第六,静态语境与动态语境。

第七,强势语境与弱势语境。

(2)语境的功能

所谓语境的功能指的是语境对话语表达和理解所产生的影响。下面从其对发话人和受话人的功能出发,对其影响进行分析。

第一,从发话人的角度而言,语境首先可以帮助发话人根据交际目的确定发话内容。其次,还可以帮助发话人根据交际条件确定交际渠道。交际渠道包括口语和书面语两种。口语既可以采用即席演讲的方式,又可以采用有准备的电视讲话;书面语既可以采用书信形式,又可以采用论文形式。另外,还可以帮助发话人根据交际场合确定说话方式。交际双方的物理距离、心理距离对发话的声音、语气、风格有很大影响。交际双方越亲近,说话就会越直接、越简洁;交际场合越正式,双方讲话就越正式。

第二,从受话人的角度看,语境首先可以帮助受话人确定指称对象。其次,语境可以帮助受话人消除歧义,离开特定语境的某些话语可以从多种角度来理解,因此语义往往是不确定的。另外,语境帮助受话人充实语义。

2.语境的翻译

既然原文的意义取决于语境,那么译者必须抓住语境这一线索来理解原文,从而最大限度地再现原文信息。例如:

犬子将于下月结婚。

译文 1:My little dog is getting married next month.

译文 2:My son is getting married next month.

这个例子选自中国人写给外国友人的喜帖。译者在翻译之前需要了解交际语境。首先,交际双方来自中国和外国;其次,汉语中的"犬子"是对儿子的谦称,英语中没有这样的表达;再次,父母在公布儿子的婚讯时将儿子称为"犬子",是对自己喜悦之情的控制。因此,译文 1 将"犬子"译成 My little dog 显然曲解了原文的语用含义,译文 2 的翻译是正确的。

(二)预设与翻译

1.对预设的研究

一百多年前,德国哲学家弗雷格在《意义与所指》(*On Sense and Reference*)一书中首次提到了语言使用中的预设现象,因此被人们称为"预设之父"。他认为,在断言一件事之前,总需要有一个明显的预设。然而,英国哲学家罗素(Bertrand Arthur William Russell)在 1905 年发表的《论指谓》中,否定了弗雷格的分析法。他给出的理由是,指谓短语本身并没有意义,包含指谓短语的命题才有意义。后来,英国哲学家斯特劳森(Peter Strawson)在《论指称》(*On Referring*)一文中批评了罗素的分析法,认为其混淆了句子和陈述(即"句子的使用")这两个概念。

2.预设的特征

（1）就表现形式而言，预设是没有明确、直接地表达出来的语句，而总是隐藏在现存语句的内层。

（2）就真假情形而言，预设为真不仅是确保"显前提"具有逻辑真值的必要条件，而且是确保推理获得真结论的必要条件。

（3）就成功的交际而言，预设总是表现为双方都可理解、可接受的那种背景知识。

（4）从预设与它所依附的语句的相互关系上看，交际双方预设的语句往往是相同的。

3.预设的翻译

视情况的不同，译者既需要利用预设，又需要摆脱预设。

（1）利用预设。要想正确理解源语内涵，避免翻译转换过程中出现的误解与误译，译者必须能够并且善于运用语用预设推理、结合语境分析。

（2）摆脱预设。由于文本的差异性，译者不应执着于先前翻译实践中所形成的预设，应该具体问题具体分析，从而最大限度地还原原文含义。

（三）指示语与翻译

1.指示语的分类

指示语可以分为人称指示语（person deixis）、时间指示语（time deixis）、地点指示语（place deixis）、话语/语篇指示语（discourse/text deixis）和社交指示语（social deixis）五种类型。

（1）人称指示语是指说话人、受话人和第三交际因素在交际或参与言语事件时使用的指示语。人称指示语还可以进一步细分为以下几种：包括发话人在内的第一人称指示语；包括受话人的第二人称指示语；既不包括发话人也不包括受话人的第三人指示语。

(2)时间指示语,指的是在交际过程中所涉及的与言语事件有关的时间信息。

(3)地点指示语又称"空间指示语",指的是与言语事件的地点、空间、位置等信息有关的指示语。

(4)语篇指示语又称"话语指示语",是指在说话或写作过程中选择恰当的词汇或结构来传递话语或语篇中的某种指示信息。①

(5)社交指示语指的是表示交际双方具体的社会关系和社会特征的词语。

2.指示语的功能

(1)面对文化、权力、交际距离等对交际过程的影响,恰当的指示语能够使交际双方处于一种礼貌的状态。

(2)为了实现移情的目的,说话人以受话人为中心,根据对方的心理、情感、物质等方面的需求来调整自己的视角,满足对方的需求,这就是语用移情。和语用移情相对的是语用离情,特定指示语的使用是表达不满的一种语言策略,体现了发话人和所指对象之间心理、情感上的距离。

3.指示语的翻译

指示语随着语境的变化而发生一定的改变。若想准确地翻译指示语,需要译者结合具体语境和文化背景进行准确的推断,并注意原文的语用含义。例如:

那李嬷嬷还是只管问:"宝玉如今一顿吃多少饭,什么时候睡觉?"丫头们总是胡乱答应地说:好个讨厌的老货!

(《红楼梦》)

Asked how much Pao-yu ate at each meal. And what time he

---

① 冉永平.语用学:现象与分析[M].北京:北京大学出版社,2006:39.

went to bed, they just answered at random. "What an old pest she is!" one muttered.

这个例子中的指示语是"老货",增强了语言表达的生动性和形象性。译文将"老货"翻译为 old pest,随后使用 she 表明了性别和指称,表达流畅。

(四)言语行为与翻译

1. 言语行为理论

(1)奥斯汀言语行为理论

哲学家奥斯汀创立了言语行为理论(speech act theory),其主要观点如下。

第一,奥斯汀提出了言语行为中两个重要的概念:表述句和施为句。表述句就是表达有所述之言的句子,作用在于以言指事;施为句是表达有所为之言的句子,作用在于以言行事。

第二,他提出了言语行为三分说,包括"言之发"(以言指事,locutionary act)、"示言外之力"(以言行事,illocutionary act)、"收言后之果"(以言成事,perlocutionary act)。

第三,他将言语行为分为五类:裁决类、行使类、承诺类、表态类和阐述类。

(2)塞尔的言语行为理论

塞尔对言语行为理论所做出的贡献表现在以下几个方面。

第一,塞尔对言语行为的规则进行了总结。言语行为包括调节性规则(regulative rule)和构成性规则(constitutive rule)。其中,调节性规则的作用在于调节现存的言语行为或活动;构成性规则并不影响现存的言语行为,而是对将来的或新的言语行为进行关注。

第二,塞尔对言语行为实施的条件进行了分析。首先,具备正常的语言输入与输出条件。其次,说话人在话语中表达了一定的命题内容,当说话人对命题进行表达时,其就是在实施一定的言语行为。再次,在进行言语行为的过程中,其前提是受话者希望说话人去实施这个行为。另外,说话人有意去实施这一行为。最后,说话人希望通过说出某一话语,让自己承担做某事的责任。

第三,塞尔认为以言行事行为可以分为以下五类:断言类(assertives)、指令类(directives)、承诺类(commissives)、表达类(expressives)、宣告类(declarations)。

第四,塞尔提出了间接言语行为理论,它是指使用间接的方式表达言语行为的话语。

2.言语行为的翻译

在翻译言语行为时,译者需要注意以下两点。

(1)彰显源语语用功能。在翻译中,译文与原文在语言表层意义的一致性是译者需要重视的。除此之外,译文与原文语用功能的对等更应该被译者关注,译者要通过语境推导源语语用含意,在保持源语深层内涵的基础上,使译文再现源语的语用功能,从而实现交际目的。

(2)译文应遵循话语轮换中的客观规律及其严密的逻辑思维,结合言语行为,通过语境的再创造呈现原作的韵味。

(五)会话含意与翻译

会话含意理论是语用学中的重要理论,被格赖斯首次提出。同时他还指出了日常交际中人们应该遵循的原则,也就是合作原则。

1.合作原则

合作原则是对会话含意理论的具体解释说明。总而言之,交际者要讲出符合交际需要的话语。

(1)量准则

量准则指交际者应该根据交际的需要提供恰当的信息量。

必须注意的是,信息量有一个标准,超过或者不足都是不符合交际的。量准则关注的是话语的信息量。量准则包含以下两条次准则。

第一,所提供的信息应是交际所需要的。

第二,所提供的信息要恰到好处。

(2)质准则

质准则是对交际者所提供的信息的真实性做出的要求,它要求交际者要提供真实的信息。质准则包括以下两条次准则。

第一,如果那些话语在自己看来都是假的,就不要提供给交际对方。

第二,如果对那些话没有足够的把握,或者不能证明那些话是真实的,也不要提供给交际对方。

(3)关系准则

关系准则要求交际者提供与交际内容相关的信息。例如:

A:What do you think of Mary's new coat?

B:Oh,it is really beautiful. It is the latest fashion.

在上述对话中,A 询问 B 对 Mary 新外套的看法,B 的回答与问题十分紧密,因此遵循了关系准则。

(4)方式准则

方式准则是对交际话语的清晰性所提出的要求。具体包括以下几条次准则。

第一,不要讲出晦涩的话语。

第二,不要讲出语义模棱两可的话语。

第三,话语要简洁清晰。

第四,话语要富有逻辑。

2.含意的分类

含意分为会话含意与规约含意。二者相互联系、相互区别。

二者都是由语义初值和语义附加值组成的,这是共同点。

不同点在于会话含意需要考虑语境的因素,而规约含意仅凭直觉即可把握,不需要考虑语境因素,属于词语的固有含意。

含意以及会话含意的分类如图 8-1 所示。

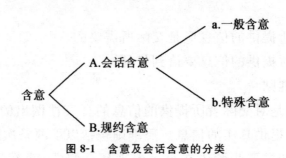

图 8-1 含意及会话含意的分类

(资料来源:何自然,2010)

(1)会话含意。会话含意具有不可分离性、可取消性、语境依赖性、可推导性、非规约性和不确定性。第一,不可分离性是指即使在话语信息的形式或结构发生变化的情况下,含意也不变。第二,可取消性指会话含意随着交际语境的变化而变化。第三,语境依赖性是指含意的产生与理解离不开特定的语境条件。第四,可推导性指的是话语所隐含的信息是可以推导出来的。第五,非规约性是指会话含意随语境的变化而变化,不是恒定的、规约性的意义。第六,不确定性指某一单一意义的话语在不同的语境中可能会出现不同的含意。

会话含意包括一般会话含意和特殊会话含意两种。一般会话含意是指发话人在遵守合作原则的某项准则时,话语中所隐匿的某一含意。特殊会话含意指的是交际一方有意违反合作原则中的某些准则,从而使对方去推断话语的真实含意,推断的角度有两个:假定交际双方遵守合作原则;发话人违反合作原则,而受话人依据合作原则进行推导。

(2)规约含意。规约含意与会话含意的区别是很明显的。某一语言形式的规约含意与发话人是否遵守合作原则无关,它具有不可取消性。

3.会话含意的翻译

针对会话含意的翻译,需要遵守合作原则。

（1）数量准则要求翻译不能给原文增添信息，也不能删减原文中的信息。

（2）质量准则要求翻译保持原文中所要传达的信息，实现译文与原文在形式与语义上的一致性。

（3）关联准则要求翻译必须清晰、无误，译文内容要做到严谨、连贯。

（4）方式准则要求翻译再现原文的语义意义，而不用再现语用含意。

（六）礼貌原则与翻译

礼貌原则是以说话人为中心的一种社会学原则。

1. 莱考夫的礼貌原则

莱考夫（Lakoff，1973）根据礼貌行为和不礼貌行为带给对方的不同感受，提出了说话人应遵守的三个礼貌规则（politeness rules）。

（1）不强人所难。这要求说话人通过商量的交际方式来达到对彼此的尊重。

（2）给对方留有余地。这要求说话人将做与不做的选择权交给受话人，同时给自己留下后退的空间。

（3）增进交际双方的情感。这存在于社会距离较近的交际双方之间。

2. 利奇的礼貌原则

在反思合作原则的局限性的基础上，利奇提出了礼貌原则。利奇认为，礼貌不仅折射出说话人的教养，还可以增进交际双方的距离。起初，利奇将礼貌原则概括为六个准则：得体准则、慷慨准则、赞誉准则、谦逊准则、一致准则、同情准则。后来，面对外界对礼貌原则的质疑，利奇将礼貌原则的六项准则整合为一条总则——"礼貌大策略"（Grand Strategy of Politeness，一般简称为

GSP）。其具体界定如下。

（1）以听话人而不是说话人的需要为关注的对象。

（2）以说话人而不是听话人的特点为参考点。

（3）说话人对听话人的责任是重点。

（4）以听话人的看法为中心。

（5）围绕听话人的感受进行交际。

3.礼貌原则的翻译

礼貌具有不对称性，对一方礼貌就意味着对另一方不太礼貌。礼貌又具有相对性，没有绝对的礼貌标准，礼貌的标准因人而异、因社会而异。每一个人、每一种社会都代表着一种文化。也就是说，在不同的文化中，礼貌的标准是不同的。翻译是跨文化交际的桥梁。译者必须依据源语和目的语的礼貌标准来进行恰当的翻译。

二、宏观语用学翻译

（一）语篇语用学翻译

语篇翻译的过程是连贯地识别和重构的过程。语篇语用学翻译有其存在的理论依据。

一是维特根斯坦的日常语言观。根据维特根斯坦的观点，词语的意义是在使用的过程中被赋予的。维特根斯坦还十分强调词语在具体语境中的使用。因此，译者不能孤立地理解词语的意义，而应分析它们的功能以及被使用的特定语境。

二是查尔斯·莫里斯的符号学。查尔斯·莫里斯认为，语用学属于符号学，伴随着符号学出现的行为活动对符号的起源、用法和功能进行研究。因此，翻译就是从一种符号到另一种符号的转换过程。

三是卡塔琳娜·赖斯的功能文本类型理论。根据卡塔琳娜·赖斯的观点,语篇才是翻译单位,翻译应力求语篇层面的对等。但是,并非所有的翻译都需要实现完全对等,有时候并不需要实现对等。这就是她提出的翻译批评模式。

四是朱莉安·霍斯的翻译质量评估理论。该理论建立在韩礼德系统功能语言学理论和语篇分析等理论中有关译文质量评估的内容的基础上。他提出将翻译划分为"显性翻译"与"隐性翻译",并分别进行了分析。对于显性翻译,寻求的是相近的对等形式。对于隐性翻译,强调再现与目的语读者直接相关的文本。

(二)认知语用学翻译

认知语用学对翻译具有很强的解释力,具体体现在以下几个方面。

(1)翻译的体验性。在认知语用学的观点中,翻译属于交际,作者需要创作灵感,同时译者与读者是通过体验来获得认知的。

(2)翻译的文化性。翻译的质量在很大程度上取决于文化因素的转换程度。译者应该根据源语的文化语境实现译文与原文的最佳关联。

(3)翻译的创造性。翻译在某种意义上来说,也是二度创作,只是受原文的限制,仿佛"戴着镣铐跳舞"。既然是创作,翻译必然具有创造性。创造性就是主观能动性,它是基于"明示"和"推理"的互动关联性。

(4)翻译的整体和谐性。译者要对翻译中涉及的所有要素进行考虑,包括作者、文本、读者等,并以语篇为基本层面来传译整体意义,因此翻译具有整体和谐性。

第九章　口译理论阐释及应用

口译与笔译是翻译的两种形式,简单来说都是在两种不同语言之间的转换活动,都是将人们所要表达的思想从一种语言转化成另一种语言的过程。本章主要针对口译理论进行阐释,并通过大量实例来研究其具体的应用情况。

第一节　口译与笔译的区别

作为翻译的两种不同形式,口译和笔译更多存在着各种差异,深入了解这些差异有助于我们做好各种形式的翻译工作。本节主要从以下几个层面介绍口译与笔译的区别。

一、语言运用不同

与笔译语言较正式、句子结构更严谨复杂相比,口译一般较为口语化,措辞也相对简洁,句子以简单结构句为主。

用词方面的不同在口语和书面语之间体现得非常明显。具体来说,有些词语和表达方式在书面语中可以用得非常漂亮,但用在口语中就不怎么合适,在许多情况下,口语和书面语的用词大相径庭。例如:

口语	书面语
to see	to be hold
to ask	to interrogate

之所以有上述区别,主要是因为书面语通常是事前有构思,

而口译或多或少是一种自发性的活动。

在句法上,笔译趋向于使用结构显得更复杂、严谨的句子,而口译更趋向于使用简单句而不是复杂长句。

(1)对于简单语句的翻译,口译和笔译有所不同。例如:

I am very glad to hear that the contract has been signed only after two rounds of discussions.

这句话按笔译方式,可译成:

我很高兴地听说只经过两轮谈判,合同就签下来了。

但是在口译中,为了使译文更加口语化,译员可把它译成:

听说只经过两轮谈判,合同就签下来了,我感到很高兴。

(2)对于复杂句的翻译,口译一般也将其翻译为简单句。例如:

Now the superpowers have been exposed to the charge that they reserve their nuclear weapons for the revolutionary people of the world.

这个句子很长。其中,that 引导的从句不是修饰 charge 的定语从句,而是名词从句,作 charge 的同位语,应译为"……受到这样的指责,即……"。口译译员如用长句翻译,一不小心,就会误译成:

现在超级大国已受到他们储存核武器是为了对付世界革命人民的指责。

如果译员能把长句分成几部分,就不难把句子正确地译为:

现在超级大国已受到这样的指责,即他们储存核武器是为了对付世界革命人民。

二、工作方式不同

工作方式的不同是口译和笔译的一个重要区别。具体来说,主要体现在以下几个方面。

（一）工作场合不同

口译和笔译的工作场合有很大的不同。口译工作总是在公众场合如会场等地方进行,因而口译工作者要面对众多的听众。例如,在国际商务会展中,口译人员要面对大量的客户,因此口译人员必须要有从容面对听众的良好的心理素质,克服怯场心理。相比之下,笔译人员可以随心所欲地选择场所,可以在图书馆、资料室、书房等处静心地工作。当然,这使笔译难以与疑问读者进行互动交流。

（二）工作时间不同

口译工作总是在很短的时间内完成的,有时甚至是同步进行的,具有即时性特征。这就使得口译的工作时间通常受到比较大的限制,因此译员往往倾向于使用简单的句子。相对而言,笔译工作不太受时间的限制。虽然当今社会追求务实高效,笔译任务要求在一定时间内完成,但仍然不像口译具有现场即时性的特征,而是有相对宽松的一段时间完成笔译任务。因此,笔译人员可以借助工具书等材料,选择最恰当的措辞,取得比较准确的翻译效果。

第二节　口译的定义与特点

一、口译的定义

口译简单来讲就是把使用一种语言所表达的内容通过口头形式转换为使用另一种语言所表达内容的翻译方式。关于口译的定义,不同的学者有着不同的看法,并给出了不同的界定。

根据刘宓庆教授在《口笔译理论研究》一书中的分析,"口译"

一词的英语 interpretation 的动词 interpret 来自拉丁语 interpretari，意思是 explain，正是"解释"；interpretari 的名词形式是 interpres，意思则是 a negotiator（协商者，谈判者）。[①] 这两个词都体现出口译的本质特征"释意"，即通过翻译来解释原文的含义。

口译理论家达尼卡·塞莱斯科维奇（Danica Seleskovitch）认为，口译是通过口头表达的方式，准确、流利地为听众揭示和说明讲话人的意思（黄为忻、钱慧杰，1992）。

梅德明（1996）认为，口译是一种通过听取和解析来理解源语（source language）所表达的信息，随即将其转译为目的语（target language）语言符号，进而达到传递信息之目的的言语交际活动。

虽然不同的学者对口译的界定并不相同，但其实质是一样的。总之，口译就是以口头翻译为形式、以即时性为特点的语言信息转换方式，它依靠译者在听、视、记、读、说等方面的语言综合运用能力来实现交际双方准确、及时、无障碍的交流。

二、口译的特点

口译作为一种特殊的双语交际活动，具有其自身显著的特点，具体表现在以下几个方面。

（一）口语性

口译与笔译的根本区别就在于口译的口语性。口译的口语性体现在两个方面：一是讲话者的源语信息以口语形式传递过来，二是译员的译语信息通过口语形式传递出去。

通常，笔译都是通过"读"来理解原文的，在工作速度上没有太大的限制，在具体的翻译过程中也可以字斟句酌，查阅词典、工具书、背景资料等，甚至请教他人。口译主要依靠"听"来获得信息，译者在听到源语信息后必须立即用目的语表达出来。

---

① 高华丽. 翻译教学研究：理论与实践[M]. 杭州：浙江大学出版社，2008：5.

（二）即席性

即席性是口译的另一主要特点。

首先，在口译过程中，为了保证谈话双方的交流正常进行，译者必须在有限的时间内顺畅、快速、准确地完成听力理解、分析记忆和口头翻译的任务。

其次，尽管译者在口译之前会做好充分的准备，但在实际的翻译过程中常会突发一些状况，此时译者不可能让说话人重复或解释，而必须仍在有限的时间内做出反应。

最后，口译讲究"一译既出，驷马难追"，因为口译过程中的错误一般没有补救机会，所以译者必须以高度的责任心对待自己的工作，尽量避免错误的发生。

第三节　口译的过程与策略

一、口译的过程

口译是译员将说话人用源语所表达的信息以口头的形式用目的语表达出来的一种信息转码过程，这个过程既短暂又复杂。因此，对口译过程的分析非常必要，它能帮助我们更好地理解口译过程的各个环节及其要求，从而更有针对性地指导我们的口译实践。

许多口译理论家都对口译的过程提出了自己的看法。国内学者康志峰认为，口译过程中存在一个三元关系（the relationship of three elements），即讲述者、译者与听众三者之间的关系。三元关系中主客观条件的有效配合可以实现三项最佳：最佳思维（the best thinking）、最佳语境（the best context）和最佳效果（the best result）（图 9-1）。

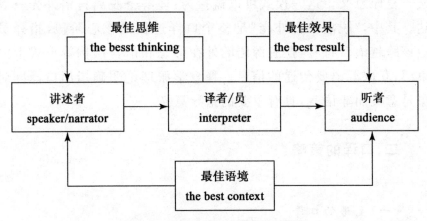

图 9-1　三元关系与三项最佳示意图

（资料来源：康志峰,2007）

由图 9-1 可以看出,口译包含四个步骤:

(1)由讲述者传递信息(conveying information);

(2)译员接受信息(receiving information);

(3)译员进行最佳思维且转换信息;

(4)译员准确完整地将新信息传递(conveying new information)给听者(图 9-2)。

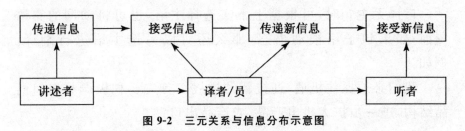

图 9-2　三元关系与信息分布示意图

（资料来源：康志峰,2007）

传播学理论认为,口译从本质上来说是一个语言间的信息传递过程,具体可以分解为信息接收、信息解码、信息记忆、信息编码和信息表达五个步骤,即译者在接收源语信息后经过信息概念转化进而以译语表达出源语意思的过程。

塞莱斯科维奇曾提出三段式口译模式:理解语言—理解意

义—复原意义。这一模式可以概括为：理解→脱离言语外壳→表达。其中，"脱离语言外壳"是整个口译过程的核心阶段，指译员应该跨越语言符号，摆脱源语的外在形态和语言结构等形式上的束缚，获取源语要传递的信息。释意学派理论明确指出口译的对象是意义而非语言，具有重要的指导意义。

二、口译的策略

（一）主语的口译

由于英语是主语显著语（subject-prominent language），构建在主谓轴（subject-predicate pivot）上，主语决定了句法结构，而汉语为语义性语言，主语的重要性相对较低，无主语的现象比比皆是，因此在汉英转化中最重要的就是确定主语，主语如果选择恰当，句子就越译越顺，主语如果选择不恰当，句子就会越译越不顺。

1.无主句口译

口译无主句时，可根据上下文选择主语，也可将动词的宾语提前，如果句子用被动语态，那么还可以另选主语进行翻译。例如：

我们必须抓住机遇，迎接新的挑战。首先要积极调整出口商品结构，进一步扩大机电产品、农产品出口。

We should seize the opportunity and meet new challenges. First, we must actively adjust the structure of export commodities by further expanding export of electromechanical and agricultural products.（根据上下文）

在和平统一谈判的过程中，可以吸收两岸各党派、团体有代表性的人士参加。

Representatives of all the parties and groups from both sides the Taiwan Strait should be invited to take part in the talk on peaceful negotiation.（宾语提前用被动语态）

几乎所有的书店、旅馆、入境口岸、机场和旅游景点都能看到我们的出版物。

Our publications can be found in nearly all the bookstores, hotels, ports-of-entry, airports and scenic spots.（宾语提前用被动语态）

要当州长，成为参议员，或众议员都需要花钱。

Money is necessary to be a governor, a senator or representative.（宾语提前用被动语态）

只有坚定不移地坚持改革开放方针才能确保经济持续不断地增长。

Only by unswervingly adhering to reform and opening up policies can sustained economic growth be ensured.（宾语提前用被动语态）

没有和平、没有稳定的政治局面，就谈不上经济发展。

Without peace and political stability, there would be no economic development at all.（另选主语）

关于西部大开发，主要有两个方面要注意，一是基础设施的建设，二是生态环境的改善。

With regard to the development of China's west, special attention should be paid to two things. One is the construction of infrastructure and the other is the improvement of ecological system.（另选主语）

2. 有主句口译

口译中大部分句子的主语可以是译语的主语，但是还有一部分句子不能将源语的主语照搬过来，否则会使译语带有翻译腔，不符合语言的表达习惯。例如：

广东多雨水。

It rains a lot in Guangdong province.

他赚的钞票比我多。

He earns more money than me.

我国矿产很丰富。

China is rich in mineral resources.

人的成长都会经历一些挫折和失败。

Everyone will experience some frustration and failure in his or her growth.

我们的主要服务对象是外国在华商社和三资企业。

We mainly provide service for foreign business establishments in China and foreign-funded enterprises.

这一目标的实现，最直接的应该是老百姓住得更宽敞了，更舒服了。

The citizens will live more spaciously and comfortably, benefiting most directly from achieving the goal.

政府的宏观管理责任将会增大。

The government will shoulder more responsibility in macro-management.

中美两国经贸领域的互补性很强，双方可以彼此分享巨大的市场。

China and America are strongly complementary in economy and trade and they can share each other's huge market.

中国国际汽车城的总体定位是成为亚洲最大的汽车贸易中心、博览中心、物流中心、研发中心、信息中心和服务中心。

China International Auto City is planned to be the largest auto trade, exhibition, logistics, research and development, information and service center in Asia.

举办世博会对中国的影响将是积极的。

Holding the World Expo will have a positive impact on China.

两国建交以来，特别是过去十年，中美经贸合作的发展十分迅速。

Since the establishment of diplomatic relations between the two countries, especially in the past decade, the economic and trade cooperation between China and America has developed very quickly.

3. 其他

英语主语必须是代词、名词或名词性短语,而汉语的主语不一定是这些,它还可以是句子、动词短语、形容词等,因此口译时必须对它们进行转换。例如:

上海投入巨资建设汽车城对整个上海的发展将取到举足轻重的作用。

Shanghai's enormous investment in the Auto City will play a vital role in the overall development of Shanghai.

建立和健全社会保障体系,关系到改革、发展、稳定的全局。

The establishment and improvement of the social security system have an overall impact on the reform, development and stability.

当今世界出现汉语热,是因为中华民族历史悠久,有着光辉灿烂的文化。

The worldwide enthusiasm in learning Chinese is due to the long history and glorious culture of the Chinese nation.

小心会给你带来安全。

Caution is the parent of safety.

（二）谓语的口译

英汉谓语也有许多差异。汉语的谓语角色具有开放性,几乎所有的词类和各种语言单位都可以充当谓语,而英语中只有动词才能充当谓语。例如:

上海漂亮。（形容词充当谓语）

Shanghai is beautiful.

上海 1 000 多平方千米。（数量词充当谓语）

Shanghai covers an area of more than 1,000 square kilometers.

上海在中国东部。（表示地点的介词短语充当谓语）

Shanghai is in the east of China.

上海好地方。（名词充当谓语）

Shanghai is a good city.

上海水污染严重。（主谓结构充当谓语）

Water pollution is serious in Shanghai.

上海让外国游客赞叹。（汉语中的兼语式充当谓语）

Shanghai has won the praises of foreign visitors.

汉语中的谓语没有人称数时态的变化，而英语中这些变化都是通过谓语变化来表现的。例如：

中华文化是维系全体中国人的精神纽带，也是和平统一的一个重要基础。

Chinese culture is the spiritual tie that links all the Chinese people and is also an important basis for peaceful reunification.

那里发生了强烈的地震，造成了严重的损失。

There occurred a serious earthquake which caused heavy losses.

汉语的谓语动词除了必要的情况下一般多用主动语态，相比之下，英语的被动句用得比较多。例如：

又一座立交桥将于明年年底建成。

Another flyover will have been built by the end of next year.

（三）名词性结构的口译

名词和名词性结构在句子中多数充当主语和宾语，懂得如何翻译名词和名词性结构是非常重要的。名词常常由形容词或名词充当定语来修饰，如何翻译名词性结构从某种意义上来说就是如何翻译修饰名词的定语。

英汉定语的位置有很大差别,英语的定语只有在单个的形容词和名词时才可以放在所修饰的中心词之前。例如:

一个无可辩驳的事实

the irrefutable fact

互惠互利的合作关系

mutually beneficial cooperative relationship

除了单个的词外,其他都放在中心词之后。与之相反,汉语的定语无论多长都可以放在中心词之前。鉴于英汉定语的差异,汉英口译时尤其要注意定语位置的转换。如果名词带有定语,翻译时先翻译中心词,定语常常译为定语从句形式,其他形式还有介词形式、不定式形式等,这些形式都放到中心词之后。

(1)以介词形式放在中心词后面。例如:

一本关于种族歧视的书

the book on racial discrimination

具有一定规模与相当影响的比较完整的金融市场体系

a comparatively complete financial market system with a fair size and much influence

以中央银行为领导,以国有商业银行为主体,各种金融机构并存,发展比较健全的金融机构组织体系

a relatively sound financial institutional system with the central banks as its leader the state commercial banks as its main body and various financial institutions existing together

展示世界各国社会、经济、文化、科技成就和发展前景的舞台

an arena for the participating countries to display the achievements and prospects in their social, economic, cultural and technological sectors

各国人民交流经验、相互学习、开展合作的盛会

a grand event where people from various countries gather together to exchange experiences, learn from one another and enter into cooperation

对一个国家整体科技水平的一次全面评价

the comprehensive assessment of the overall scientific and technological level of a country

(2)以形容词、现在分词、过去分词形式放在中心词后面。例如：

一批国家认可的精通英、日、法、德、韩等多种语言的翻译导游队伍

a team of state-certified professional tour guides and interpreters proficient in English, Japanese, French, German, Korean and other languages

由文化和旅游部批准的商务旅行社

a business travel agency approved by the National Tourism Administration

党中央面向新世纪所做出的重大决策

a major decision made by the central committee of the party for the new century

有利于高新技术发展的资本市场

capital market beneficial to the new high-tech development

有比较优势的企业

enterprises enjoying comparative advantages

上海市政府制定的社会和经济发展蓝图

the blueprint drawn by Shanghai Municipal government for social and economic development

辐射全国、影响深远的国内最大的资本市场

the largest domestic capital market radiating its profound influence across the country

(3)以不定式形式放在中心词后面。例如：

第一个举办世界博览会的发展中国家

the first developing country to host the World Exposition

中国政府和人民保护全球环境的诚意和决心

the sincerity and determination of the Chinese government and people to protect the global environment

解决我们面临问题的关键

the key to solve the problems we are facing

坚持一个中国政策的庄严承诺

the solemn promise to adhere to the one-China policy

支持联合国主持正义、维护和平、促进全球繁荣的行动

support the UN efforts to uphold justice, maintain peace and promote global prosperity

(4)以定语从句形式放在中心词的后面。例如：

一个集、工、贸、旅游、娱乐于一体的跨地区、跨行业、跨所有制的大型集团公司

a large cross-regional, cross-trade and cross-ownership (group) corporation which integrates scientific research, manufacturing industry, trade and tourist and entertainment services

那些将我们联系在一起并且强化我们关系的事务

issues that bind us and strengthen our relationship

对人类整个文明和社会进步都有重大作用的基础科学研究

basic scientific research that plays a major role in the whole human civilization and social progress

(四)动词性结构的口译

动词性结构口译指的是汉语句子中的动词及修饰该动词的状语的翻译。汉语中状语的位置是比较固定的，一般不是在句子前面就是在主谓之间。例如：

经过十年的金融发展与改革，上海金融机构迅速扩展。

在平等友好的基础上，就广泛领域里的合作以及建立新的亚欧伙伴关系交换我们的意见。

在第二个例子中，"在平等友好的基础上，就广泛领域里的合

作以及建立新的亚欧伙伴关系"这样非常长的状语放在了主谓之间,这在英语中是很少见的,可以说是不存在的。

英语中的状语位置比较灵活,可以在句子前面、中间或后面,放在句子中间的常常是在主谓之间,一般为单个的词,如 usually, often, just, ever, never, recently, yet, hardly, scarcely 等。如果状语是短语或分句,翻译时通常将其放到主语之前或句子之后。例如:

就广泛领域里的合作以及建立新的亚欧伙伴关系交换我们的意见

exchange our views on cooperation in a wide range of areas and the establishment of new Euro-Asian partnership

对扩大内需、推动国民经济持续增长、对促进各个地区协调发展都具有十分重要的意义

of great significance in expanding domestic demand, facilitating sustained growth of the national economy and promoting coordinated development of all the regions

在更高层次上得到全面拓展

be expanded on a higher level and in an all-round way

以她的风采、沧桑和辉煌,更以 1999 年 12 月 20 日这个不同寻常的日子吸引着全世界的目光

attract the world's attention with its elegance, vicissitude and glory, and, particularly, with the unusual day of December 20, 1999

对形成一个新的世界格局产生积极的影响

have a positive impact on shaping a new world pattern

为西部经济持续、快速增长创造了有利的市场环境

create favorable market environment for the sustained rapid economic development of the west

在中央政府的领导下积极参与管理地方和国家事务

actively participate in administration of the state and local affairs under the leadership of the Central Government

按照自己的实际情况确定发展战略

formulate the development strategies in light of the actual conditions

在促进社会稳定和进步方面发挥更大的作用

play a greater role in promoting social stability and progress

在相互尊重和平等相待的基础上共同前进

move ahead together on the base of mutual respect and e-quality

(五)语篇的口译

口译作为跨文化交际的一种职业活动,具有其独特的语篇模式、心理模式和思维规律。口译行为总是处在动态的过程之中,因为交际本身是动态行为,语言随着交际内容和使用语言的人随时改变,交际环境处于动态之中,译员的理解和表达也处于动态之中。口译就是以口头形式用译语语篇传达源语语篇的信息,以实现源语语篇的信息发出者和译语语篇信息的接收者之间的沟通。我们知道,脱离语篇来探讨口译技巧,只会使口译活动停留在词法、句法的表层转换上,而忽略了语篇的整体性;而脱离了语篇的口译活动就不能体现口译这种处于动态之中的特殊交际形式的功能。

因此,要想成为优秀的口译工作者,仅仅局限于句法对比和口译技巧训练是不够的。透彻理解口译本身作为特殊交际行为的性质,从语篇语言学的角度来探讨口译问题,关注口译语篇的结构、句子的排列、句际关系、会话结构、语篇的指向性、信息度、口译内容的语句衔接和语义连贯等,是很有意义的。译员必须具备语篇意识,把所从事的口译活动视为一个宏观的有机语篇整体,超脱"只见树木、不见森林"的范围。具体来说,译员应从以下几个方面入手。

1. 体裁和题材

译员首先需要了解所从事的翻译语篇的体裁和题材。口译语篇大致可分为说明、论辩、劝说、描写和叙述等几种基本类型，内容往往涉及导游、礼仪、宣传、会议和谈判等主要方面。在口译操作中，译员需要明确口译的体裁，准确把握其交际内容和交际功能。

叙述类话语是口译实践中常见的语类之一，下面以叙述类话语为例来进行说明。叙述类话语，顾名思义就是指对事件经过的陈述，在口译活动中主要出现在如下场合：在谈话中引用的故事和典故，通常在旅游、参观等场合应用较多，如关于著名风景胜地的名称典故，关于某知名人士的逸闻趣事等；对过去发生的事件的描述、追忆或回顾，如说话人对某次亲身经历的描述，对某件历史事件的回忆，对某次活动、会议或工作过程的回顾等；对未来可能发生的事件的展望和解释。

叙述类话语的结构一般包括以下要素：背景、人物、事件、结局、评论。此类结构通常遵循一条较明确的时间线索或空间线索来串联相应的背景和人物。在开始叙述故事前往往有一个梗概，交代主要的人物、故事发生的时间和地点等，然后逐步展开情节，随着故事情节的发展，有时还会出现一个高潮，最后一般有一个结局或者评论，表示叙述的终结。

在叙述类话语的理解过程中，译员应特别留意叙述中表达时间或空间概念的词组，如日期、地点名词等，然后有意识地将这些信息储存在大脑中，并且加上串连成清晰的时间或空间主线。这种主线实际上为口译记忆表达提供了帮助。译员既可以在口译时沿着这些线索进行回忆，重新安排话语顺序，也可以在理解过程中根据已知的线索对即将听到的信息进行预测。实际上，听话方也希望了解在何时、何地、发生了何事，所以叙述类话语的时间和空间结构也为译员整理思路、将话语信息重组成逻辑线索明晰的译语提供了方向。

译员的主要任务是把说话人的思想迅速、准确地传递给听众，使交谈的双方能够顺利沟通。由于口译要求听众容易听懂，故多选用一些读起来朗朗上口的口语表达法。口译多用简单语法、简单句子和简单结构，以减少句法上的错误和口误。例如：

It was a keen disappointment when I had to postpone the visit which I had intended to pay to China in January.

译文 1：我十分失望，因为我不得不推迟访问的日程。我原本打算一月份访问中国。

译文 2：我原拟在一月份访问中国，后来不得不推迟，令我十分失望。

口译者多半会采取译文 1 这种偏向口语化的译法，而译文 2 这种较书面化的翻译多为笔译者采用。

2. 语体

译员需要注意做到准确运用口译的语体或文体风格。Martin Joos(1961)从语言使用变体的分类需要出发，提出了庄严的语体(frozen style)、正式的语体(formal style)、商洽性的语体(consultative style)、随意的语体(casual style)和亲密的语体(intimate style)五种语体分类。庄严的语体只用在法律条款、议会及重大国际会议等具有象征意义和历史意义的场合，而其他语体的正式程度依次降低。文体或语体的得体运用十分重要，在国际会议和外交谈判等严肃庄重场合中以随意的语体口译或者在一般陪同、普通聚会等随意宽松场合中以外交辞令的"大词"口译都未免显得贻笑大方。

3. 语域

译员应注意口译活动的语域。不同的语域变体往往有不同的交际意图和交际功能，并会产生不同的交际效果，因此译者要了解信息发送者和接收者之间的关系(语旨)、发送信息的渠道(语式)和语篇的范围与目的(语场)。这也部分地与口译的交替口译、同声传译、耳语口译等"方式分类"和导游口译、礼仪口译、会议口译和政务口译等"场合分类"有异曲同工之处。

4. 语境

译员应对语境有很好的把握。口译活动的顺利有效进行与语境密切相关,如"情境语境"(context of situation)和"文化语境"(context of culture)等。情境语境指的是口译活动中语篇所涉及的具体场景、事件、参与者等;而文化语境指的是口译活动中语篇所涉及的文化、社会背景。语篇语言学认为,意义并非只由语言结构本身决定,它还由整个语篇所涉及的情景、文化及其交际目的来决定。口译中传递的应该是原文的语言含义和语言使用(即交际)功能。例如,美国前总统里根(Ronald Reagan)获悉撒切尔夫人下野,忆及两人间融洽关系时说了一句话:"It was clear to me that we were soul mates when it came to reducing government and expanding economic opportunity. "此处,soul mates 有"挚友"和"情侣"两个含义。里根在此表示对老朋友下野的慰藉,结合此情此景,毫无疑问,前者为本句意义。要达到熟练的语境运用,需要译者对政经、人文、史地、科技、民俗、国际等广博的知识能够略窥门径。

5. 语篇模式

语篇模式是语篇组织的宏观结构,是人们语言交际中互相遵守和期待的"语言共识"(linguistic consensus)。一般而言,语言中包括"提问—回答""问题—解决""主张—反应"等多种语篇模式,这些语篇模式反映了语言文化中的修辞规约(rhetorical conventions),是人们文化知识的一部分。引入口译中的语篇模式研究要素,了解英汉语篇模式的内在规律性,不仅有利于培养理解及运用源语和译语语篇的能力,而且有助于口译译员预测、笔记和组织技能的训练,从而有益于口译这种跨语言、跨文化交际的顺利进行。在口译活动中要从语用、修辞、认知等多角度协调好话语的信息与信息单位、语调与信息结构、句法结构与信息结构、主位结构与信息结构、预设、框架（scenario）与新旧信息等方面的关系。

第四节 口译的具体应用

一、商务谈判口译

（一）商务谈判口译的常用词汇

favorable balance of trade；trade surplus 贸易顺差

unfavorable balance of trade；trade deficit 贸易逆差

import quotas 进口配额制

value of foreign trade 对外贸易值

value of international trade 国际贸易值

generalized system of preferences 普遍优惠制

most-favored nation treatment 最惠国待遇

trade term；price term 价格术语

D/P（document against payment）付款交单

D/A（document against acceptance）承兑交单

S/C（sales confirmation）销售确认书

L/C（letter of credit）信用证

revocable credit 可撤销信用证

irrevocable credit 不可撤销信用证

revolving credit 循环信用证

standby credit 备用信用证

transferable credit 可转让信用证

back-to-back credit 背对背信用证

confirmed credit 保兑信用证

irrevocable documentary credit 不可撤销跟单信用证

invoice value 发票金额

transship 转船

freight 运费

landing charges 卸货费

price 单价

net price 净价

producer price;ex-factory price 出厂价

retail price 零售价

total value 总值

wholesale price 批发价

discount;allowance 折扣

current price;prevailing price 现行价格（时价）

world/international market price 国际市场价格

forward price 期货价格

customs duty 关税

return commission 回佣

stamp duty 印花税

price including commission 含佣价

port dues 港口税

indemnification 赔偿费

seaworthy 适合海运的

FOB(Free on Board) 离岸价

CFR(Cost and Freight) 成本加运费价格

port of shipment 装运港

port of discharge 卸货港

port of destination 目的港

delivery 交货

steamship 轮船

shipment 装运、装船

charter；the chartered ship 租船

sack 麻袋

carton 纸盒

crate 板条箱

bale 大包

carboy 大玻璃瓶

container 集装箱

THIS SIDE UP 此面朝上

OPEN THIS END 此端开启

KEEP DRY 保持干燥

KEEP IN A DRY PLACE 储存干燥处

HANDLE WITH CARE 小心轻放

TO BE KEPT COOL 低温存放

KEEP AWAY FROM MOISTURE 防潮

KEEP IN DARK PLACE 避光

FRAGILE 易碎物品

INFLAMMABLE 易燃物品

PERISHABLE 易腐物品

STOW AWAY FROM HEAT 请勿近热

NO DUMPING 切勿倾倒

CAUTION AGAINST WET 切勿受潮

KEEP UPRIGHT 切勿倒置

NOT TO BE LAID FLAT 切勿平放

DO NOT CRUSH 切勿挤压

time of delivery 交货时间

voyage charter 定程租船

time of shipment 装运期限

time charter 定期租船

shipper；consignor 托运人（一般指出口商）

consignee 收货人

regular shipping liner 班轮

lighter 驳船

shipping space 舱位

to declare at customs 报关

cargo receipt 陆运收据

take delivery of goods 提货

to airway bill 空运提单

import license 进口许可证

spot price 现货价格

export license 出口许可证

B/L(Bill of Lading) 提单

sole agent 独家代理

turnover 营业额

without recourse 不可追索的

lodge a claim 提出索赔

bare cost 净成本

Certificate of Origin 原产地证明

board of directors 董事会

feasibility study report 可行性报告

pre-feasibility study 预可行性研究

distribution of profits 利润分配

construction fund 建设基金

circulation capital 流动资金

balance of foreign exchange 外汇平衡

recovery of investment 投资回收

liquidation 清算

project proposal 项目建议书

Commodity Inspection Bureau 商检局

good in quality 品质优良

reasonable in price 价格公道

insurance 保险

All Risks 一切险

Shortage Risk 短量险

Leakage Risk 渗漏险

Taint of Odor Risk 串味险

Hook Damage Risk 钩损险

Rust Risk 锈损险

War Risk 战争险

Rejection Risk 拒收险

Fresh and/or Rain Water Damage Risk 淡水雨淋险

Breakage of Packing Risk 包装破裂险

Failure to Delivery Risk 交货不到险

Clash & Breakage Risks 碰损破碎险

Sweating & Heating Damage 受潮受热险

Intermixture & Contamination Risks 混杂治污险

Survey at Jetty Risk 码头检验条款险

Survey in Customs Risk 海关检验条款险

Import Duty Risk 进口关税险

（二）商务谈判口译的常见句子

如以前所告,我们打算在 50％的基础上进行投资,不知是否可行。

As we have informed you previously, we intend to make investment on 50％—50％ basis and want to know if this is practicable.

为了能更好地推销合营企业的产品,我们认为有必要在香港设立销售机构。

With a view to promoting sales of the products of the joint venture, we think it necessary to establish a sales agency at Hong

Kong.

我们必须强调这一报盘有效期是 3 天,因为钢价正在迅速上涨,因而我们将从下个月初不得不把价格从 5 美元调整到 7 美元一打 CIF 卡拉奇。

We must stress that this offer is firm for three days because the price of steel is rising rapidly and we shall have to adjust our price from USD 5.00 to USD 7.00 per dozen CIF Karachi from the beginning of next month.

我方期望你方会认真考虑商业信誉并立即开出信用证,否则,由此造成的损失将由你方负责。

We hope that you will take your commercial reputation into account seriously and open the L/C at once;otherwise you will be responsible for all the losses arising as a result of your failure to do so.

任何投资都有风险。无论你在何时何地进行投资,这一点都是毫无疑问的,就是说,要投资就有冒险。在中国投资成功的希望很大,这是因为中国政局稳定,对外开放坚定不移,还因为我国现在的投资环境非常稳定。

Any investment involves risk. Whenever and wherever you invest,you can be sure only at this. The chance of success in China is very high. This is because the Chinese political situation is stable and the open policy firm and also because the country now presents an excellent environment for investment.

如果你们感到方便的话,我想现在讨论一下日程安排的问题。

It's just the matter of the schedule,that is,if it is convenient for you right now.

(三)商务谈判口译的范文赏析

原文:

Wang:早上好,史密斯先生。很高兴见到你。

Smith：Good morning，Miss Wang. It's very nice to see you in person.

Wang：希望这次我们能谈好产品价格，谈成这笔生意。

Smith：I hope so，Miss Wang. We came here to talk to you about our requirements. Can you show us your price-list and catalogues?

Wang：我们特地准备了一份在你方市场最畅销产品的目录。请过目。

Smith：Oh，it's very considerate of you. If you'll excuse me，I'll go over your price-list right now.

Wang：请过目。

Smith：Oh，Miss Wang. After going over your price-list and catalogues，we are interested in Art No. HX1115 and HX1128，but we found that your price is too high than those offered by other suppliers.

Wang：很遗憾。要知道最近生产成本大幅度提高，而我们的价格基本保持不变。坦率地说，我们的产品一直都符合出口标准，且包装精美，因此我们的产品价格十分公道。

Smith：I'm afraid I can't agree with you in this respect. I know that your products are attractive in design，but I wish to point out that your offers are higher than some of the quotations I've received from companies in other countries. So，your price is not competitive in this market.

Wang：史密斯先生，要知道，我们的产品品质优良，在很多国家都很畅销，所以请你们考虑一下质量问题。

Smith：I agree with what you say，but the price difference should not be so big. If you want to get the order，you'll have to lower the price. That's reasonable，isn't it？ If you are prepared to cut down your price by 8% …

Wang：8%？实际上，我们从未给过如此低的价格。大家交个朋友，我们可能考虑例外给你们降低 5％。这是我们能接受的最大幅度的降价。

Smith：Fine.

参考译文：

Wang：Good morning, Mr. Smith. Nice to see you.

Smith：早上好，王小姐。很高兴见到你。

Wang：I hope through your visit we can settle the price, and conclude the business before long.

Smith：希望如此，王小姐。我方来谈一下我们的要求。能否让我们看一下你方的价目表和产品目录？

Wang：We've specially made out a catalogue which covers those items most popular on your market. Here you are.

Smith：你们考虑得太周到了。如果可以的话，我想马上看一下你们的价目表。

Wang：Take your time.

Smith：王小姐，看了你们的产品价目表和目录后，我们对第 HX1115 号产品和第 HX1128 号产品很感兴趣，但我们发现你方的价格高于其他供货商。

Wang：I'm sorry to hear that. You must know that the cost of production has risen a great deal in recent years while our prices basically remain unchanged. To be frank, our commodities have always lived up to our export standard and the packages are excellently designed and printed. So our products are moderately priced.

Smith：恐怕这一点我无法苟同。我知道你方产品设计精美，但是我想指出你方报价高于其他外国公司的报价，所以你方价格在这个市场并不具有竞争力。

Wang：Mr. Smith, as you may know our products are of high quality and best sold in many countries. So you must take quality into consideration, too.

Smith：我同意你的观点，但价格差异不应如此巨大。如果你方想得到订货，就应该降低价格。这样才合理，不是吗？如果你方准备降低 8%…

Wang：8%？ Actually，we have never given such a lower price. For friendship's sake，we may exceptionally consider reducing the price by 5%. This is the highest reduction we can afford.

Smith：好吧。

二、外事接待口译

（一）外事接待口译的常用词汇

terminal building 机场大楼
VIP Room 贵宾室
lounge 候机大厅
information desk 问讯处
security check 安全检查
baggage check-in 行李托运处
baggage depositary 行李寄存处
claim baggage 提取行李
proceed through the customs 进行海关检查
recover from the jet lag 倒时差
duty-free shop 免税店
in the spirit of 本着……精神
cocktail party 鸡尾酒会
welcome dinner 欢迎宴会
establish new contacts 结交新友
thoughtful arrangement 周到的安排
hospitality 热情好客
come all the way to 不远万里来……

exchange of visit 互访

reception 招待会

return dinner 答谢宴会

fruitful cooperation 合作愉快

pick up sb. 接人

Welcome to 欢迎来……

as requested 按……的要求

farewell dinner 告别宴会

glee feast 庆功宴

阁下 Your/His/Her Honor/Excellency

贵宾 distinguished guest

不胜感激 to be obliged to

领事馆 consulate

大使馆 embassy

商务代表处 office of a trade delegation

驻外办事处 office abroad；agency abroad

驻外机构 institution functioning abroad

领事 consul

总领事 consul general

代理领事 proconsul

秘书 secretary

建交 establish diplomatic relations

为……举行宴会/宴请 host a dinner/banquet/luncheon in honor of…

欢迎致辞 welcome address

单人间 single room

双人间 double room

头等舱 first class

经济舱 economy class

往返票 round trip ticket

抢得先机 take the preemptive opportunities

礼尚往来 courtesy calls for reciprocity

实话实说 speak the plain truth；tell it as it is

（二）外事接待口译的常见句子

After you!

您先请！

Take care!

您慢走！

Let us proceed to the car.

我们上车吧。

Small world，isn't it?

我们又见面了！

Long time no see.

好久不见！

Excuse me，I haven't had the honor of knowing you.

对不起，我还没请教阁下的尊姓大名呢。

Are you Peter Smith?

你是彼得·史密斯吗？

I am glad to have the honor of introducing…

我很高兴能有此殊荣向诸位介绍……

I am delighted to make your acquaintance.

很高兴能与您结识。

Hi，it's nice to meet you.

你好，很高兴见到你。

It's my pleasure to meet you. Mr. White. Welcome to China.

很高兴能认识你，怀特先生。欢迎来到中国。

I'm glad to make your acquaintance.

很高兴认识你。

I am delighted to welcome you to…

我很高兴欢迎你们来到……

Thank you very much for coming all the way to meet me.

谢谢您一路专程来接我。

It is with great pleasure that I…

我为能……而深感快乐。

How do you do? I've been looking forward to meeting you.

您好,我一直期待着与您见面。

I suppose my name is not new to you. But this is the first time I have the pleasure of meeting you in person.

我想对您来说,我的名字可能并不陌生,但这是我第一次有幸与您亲自见面。

May I introduce you to Mr. Wang, director from the Office of Foreign Affairs, who has come to meet you?

给您介绍一下,这是外事办的王主任,他是来迎接您的。

On behalf of our company, I would like to say how delighted we are to receive you here.

代表我们公司在这里接待你们,我们感到非常高兴。

I am very touched that you have come all the way to meet me in person.

您亲自来接我,我深为感动。

I'm pleased to make your acquaintance. It's very kind of you to come to meet me at the airport.

很高兴和你认识。你来机场接我,真是太好了。

Welcome to Beijing. Did you have a nice trip? /How was the journey?

欢迎来北京。路上辛苦吗?

How was your flight? /Did you have a good flight?

旅途如何? /乘机旅行还好吗?

I am afraid you must be very tired after such a long journey. Are you feeling tired?

经过如此长途的旅行,您一定很疲劳吧,感觉累吗?

Thank you for taking the trouble to meet me.

您不辞辛苦地来接我,太感谢了!

The night was smooth, and the service was good. Things couldn't have been better.

一路很顺利,服务很周到,一切再好不过了。

The flight was very long and a little bumpy. But I feel all right now.

飞行时间很长,而且有点颠簸,不过现在我觉得好多了。

The flight was very smooth, but we had a short delay in Hong Kong.

飞行很平稳,但飞机在香港延误了一会儿。

Here's my card with my address and phone number.

这是我的名片,上面有我的地址和联系电话。

I hope you will have a very enjoyable stay here.

希望你在这里过得愉快。

I would like to show you our tentative itinerary.

我向您介绍一下我们初步拟订的活动日程。

(三)外事接待口译的范文赏析

原文:

您好,您一定是美国商会的西蒙先生吧。我叫陈敬英,市长秘书。这是我的名片。请允许我代表市长和市政府向您的来访表示热烈的欢迎。应您的要求,我们已经为您订了房间。如果您不满意的话,我们可以再安排另外一间。您这次访问的时间太短了,所以活动安排比较少。今天晚上7点我们的一位谭副市长将在您下榻的宾馆设宴招待您。明天上午8:30我来接您去和市长进行会谈。下午您将和本市的商界人士会面。好了,长途旅行您一定很累了,晚上招待宴会再见。

参考译文：

Hello, you must be Mr. Simon from American Chamber of Commerce. My name is Chen Jingying. I am the secretary of the Mayor. Here's my card. On behalf of the mayor and the municipal government, I would like to extend our warm welcome to you for your visit. Upon your request, we have made the reservation for you. If it is not satisfactory, we will arrange another one for you. Since your visit is rather short, we won't arrange many activities for you. At 7 o'clock this evening, our Deputy Mayor Mr. Tan will hold a welcoming banquet for you in the hotel where you stay. At 8:30 tomorrow morning, I will pick you up to have a meeting with the Mayor. And in the afternoon, some of the business people of our city will come and talk with you. Of course, you need a good rest after such a long flight. May I leave you alone? See you again at the reception banquet tonight.

参考文献

[1]白靖宇.文化与翻译(修订版)[M].北京:中国社会科学出版社,2010.

[2]陈刚.旅游翻译与涉外导游[M].北京:中国对外翻译出版公司,2008.

[3]陈刚.旅游英汉互译教程[M].上海:上海外语教育出版社,2009.

[4]陈坤林,何强.中西文化比较[M].北京:国防工业出版社,2012.

[5]陈新.英汉文体翻译教程[M].北京:北京大学出版社,1999.

[6]段云礼.实用商务英语翻译[M].北京:对外经济贸易大学出版社,2009.

[7]方梦之,毛忠明.应用翻译教程[M].上海:上海外语教育出版社,2005.

[8]冯庆华,刘全福.英汉语言比较与翻译[M].北京:高等教育出版社,2011.

[9]傅敬民.实用商务英语翻译教程[M].上海:华东理工大学出版社,2011.

[10]高尔基.和青年作家谈话[A].论文学[C].北京:人民文学出版社,1978.

[11]高华丽.翻译教学研究:理论与实践[M].杭州:浙江大学出版社,2008.

[12]高华丽.中外翻译简史[M].杭州:浙江大学出版社,2009.

[13]桂乾元.翻译学导论[M].上海:上海外语教育出版社,2004.

[14]郝丽萍,李红丽,白树勤.实用英汉翻译理论与实践[M].北京:机械工业出版社,2006.

[15]何自然.语用学十二讲[M].上海:华东师范大学出版社,2010.

[16]贺显斌.翻译过程的多视角阐释[C].汉英对比与翻译国际研讨会暨中国英汉语比较研究会第五次全国学术研讨会论文集,2002.

[17]户思社.翻译学教程[M].北京:北京师范大学出版社,2011.

[18]黄成洲,刘丽芸.英汉翻译技巧[M].西安:西北工业大学出版社,2008.

[19]黄忠廉.变译理论[M].北京:中国对外翻译出版公司,2001.

[20]黄忠廉.翻译变体研究[M].北京:中国对外翻译出版公司,1999.

[21]贾文波.应用翻译功能论[M].北京:中国对外翻译出版公司,2004.

[22]康志峰.英语口译理论与实践技艺[M].上海:华东理工大学出版社,2007.

[23]兰萍.英汉文化互译教程[M].北京:中国人民大学出版社,2010.

[24]李建军.新编英汉翻译[M].上海:东华大学出版社,2004.

[25]利奇.语义学[M].李瑞华,王彤福,杨自俭,穆国豪,译.上海:上海外语教育出版社,1987.

[26]廖七一.当代英国翻译理论[M].武汉:湖北教育出版社,2001.

[27]廖英,莫再树.国际商务英语语言与翻译研究[M].北

京:机械工业出版社,2004.

[28]刘海涛.文学写作教程[M].北京:高等教育出版社,2005.

[29]刘军平.西方翻译理论通史[M].武汉:武汉大学出版社,2009.

[30]刘宓庆.文体与翻译[M].北京:中国对外翻译出版公司,2006.

[31]吕俊.文学翻译的符号学特征[C].英汉语比较与翻译1,1994.

[32]彭萍.实用旅游英语翻译:英汉双向[M].北京:对外经济贸易大学出版社,2010.

[33]普罗瑟.文化对话:跨文化传播导论[M].何道宽,译.北京:北京大学出版社,2013.

[34]瞿秋白文集:第3卷[M].北京:人民文学出版社,1954.

[35]王大来.文学翻译中的文化缺省补偿策略研究[M].北京:光明日报出版社,2016.

[36]王大伟,魏清光.汉英翻译技巧教学与研究[M].北京:中国对外翻译出版公司,2005.

[37]王宏印.英汉翻译综合教程[M].大连:辽宁师范大学出版社,2002.

[38]王祥云.中西方传统文化比较(2版)[M].郑州:河南人民出版社,2006.

[39]威尔斯.翻译学——问题与方法[M].祝珏,周智谟,译.北京:中国对外翻译出版社,1988.

[40]武锐.翻译理论探索[M].南京:东南大学出版社,2010.

[41]许钧.翻译概论[M].北京:外语教学与研究出版社,2009.

[42]杨丰宁.英汉语言比较与翻译[M].天津:天津大学出版社,2006.

[43]杨贤玉.英汉翻译概论[M].武汉:中国地质大学出版

社,2010.

[44]叶苗.应用翻译语用观研究[M].上海:上海交通大学出版社,2009.

[45]袁筱一,邹东来.文学翻译基本问题[M].上海:上海人民出版社,2011.

[46]曾文雄.语用学翻译研究[M].武汉:武汉大学出版社,2007.

[47]张保红.文学翻译[M].北京:外语教学与研究出版社,2010.

[48]张培基.英汉翻译教程(修订本)[M].上海:上海外语教育出版社,2009.

[49]张全.全球化语境下的跨文化翻译研究[M].昆明:云南出版社,2010

[50]郑遨,郭久麟.文学写作[M].天津:天津大学出版社,2009.

[51]周芳珠.文学翻译论[M].北京:中国对外翻译出版有限公司,2014.

[52]宁俊芳.英语框架语义网中的句子翻译[D].太原:山西大学,2018.

[53]王晓慧.基于评价系统的译文中人际意义再现:《无名的裘德》两个汉译本的对比研究[D].宁波:宁波大学,2015.

[54]谢磊.《某人》第二部分选择(英译汉)及翻译研究报告[D].昆明:云南大学,2015.

[55]闫敏敏.文学翻译中译者的审美过程[D].上海:华东师范大学,2005.

[56]杨贺.意图性原则与俄汉文学翻译策略[D].哈尔滨:哈尔滨工业大学,2012.

[57]翟瑞宵.《无名的裘德》中裘德的幻想研究[D].济南:山东大学,2015.

[58]张玉霞.零翻译研究[D].保定:河北大学,2011.

[59]蔡新乐.翻译哲学真的没用吗?——从皮姆的《哲学与翻译》看翻译的概念化及西方翻译思想史的重构[J].外语教学,2014,(6).

[60]常瑞娟.变译理论视角下《无名的裘德》翻译研究[J].黑河学院学报,2018,(11).

[61]常瑞娟.从云冈石窟旅游文本看汉译英需注意的问题[J].大同大学学报,2011,(1).

[62]常瑞娟.公示语翻译失误及其翻译对策研究[J].忻州师范学院学报,2012,(3).

[63]常瑞娟,王燕.变译理论在旅游文本翻译中的应用[J].晋中学院学报,2018,(1).

[64]陈丽丽.大学英语阅读中利用语境推断生词词义[J].阜阳师范学院学报,2018,(1).

[65]陈梅芬.功能语言学视角下的语篇分析与翻译——以《如何造就你的批判性思维》(节选)翻译为例[J].遵义师范学院学报,2018,(6).

[66]陈梦宁.英译汉中的词义引申现象及其依据初探[J].求知导刊,2015,(15).

[67]程爱华.关于文学翻译本质内涵的思考[J].山东师范大学学报,2005,(1).

[68]程娇.商务英语的文体特征及其翻译研究[J].长治学院学报,2018,(1).

[69]储晴晴.浅析商务英语语言特点和翻译技巧探究[J].戏剧之家,2019,(1).

[70]丁红艳,陆志国.也谈文学翻译的原则[J].延安教育学院学报,2004,(1).

[71]杜凤兰.认知背景下的翻译原则及翻译策略[J].黑龙江教育学院学报,2017,(9).

[72]杜海.评价理论视域下的语篇翻译[J].实践·探索,2019,(Z1).

[73]范云.简析语言文化中的"三种关系"[J].四川三峡学院学报,2000,(1).

[74]方梦之.中外翻译策略类聚——直译、意译、零翻译三元策略框架图[J].上海翻译,2018,(1).

[75]桂乾元.翻译四人谈(九)漫谈翻译种类[J].德语学习,2008,(5).

[76]桂乾元.翻译四人谈(十)漫谈翻译种类[J].德语学习,2008,(6).

[77]贺显斌.语言与文化关系的多视角研究[J].西安外国语学院学报,2002,(3).

[78]侯新民.浅析英译汉翻译的步骤[J].新疆广播电视大学学报,2008,(4).

[79]胡振伟.跨文化翻译中的异化[J].吉林华侨外国语学院学报,2009,(1).

[80]黄兴兴,王菲.英汉互译中的词性转换探析[J].现代商贸工业,2018,(27).

[81]黄忠廉,倪璐璐.变译之删减策略研究——以严译《天演论》为例[J].解放军外国语学院学报,2015,(3).

[82]姜秋霞,权晓辉.文学翻译过程与格式塔意象图式[J].中国翻译,2000,(1).

[83]李可心.英汉翻译中词义的选择和确定[J].林区教学,2017,(3).

[84]李可心.英汉翻译中增补词语的原则和技巧[J].齐齐哈尔大学学报,2016,(12).

[85]李荣启.论文学语言及其构成[J].美与时代(下),2012,(10).

[86]李婷.跨文化翻译基本策略研究[J].鄂州大学学报,2009,(6).

[87]李占喜.译文读者认知和谐的语用翻译策略选择原则[J].外文研究,2013,(3).

[88]李志芳,刘瑄传.论文化语境下的文学翻译[J].黄冈职业技术学院学报,2009,(4).

[89]廖七一.翻译的重新界定与翻译批评[J].东方翻译,2016,(4).

[90]刘士新.商务英语的语言特性——以水产贸易英语为例[J].黑河学院学报,2011,(1).

[91]刘婷婷.归化和异化——跨文化翻译中的对立统一[J].赤峰学院学报,2011,(4).

[92]刘岩,张一凡.英语文学中的语言艺术研究[J].才智,2016,(8).

[93]卢亮.实用文体翻译原则分析[J].考试与评价(大学英语教研版),2015,(4).

[94]罗国青.零翻译概念辩证[J].上海翻译,2005,(6).

[95]覃军.译,贵在不译—翻译中的"非翻译"策略[J].中国翻译,2018,(5).

[96]邱懋如.可译性及零翻译[J].中国翻译,2001,(1).

[97]饶晓红.论喻体的文化差异及喻体翻译中文化缺损的弥补[J].福州大学学报,2005,(1).

[98]邵宏.文学翻译中如何处理语用含意:以《红楼梦》英译为例[J].文学界,2011,(5).

[99]邵璐.西方翻译文体学研究(2006—2011)[J].中国翻译,2012,(5).

[100]谭载喜.翻译比喻中西探幽[J].外国语,2006,(4).

[101]田宏标.跨文化视野中的异化和归化翻译[J].中国民族博览,2018,(11).

[102]田运平.跨文化翻译中的归化与异化研究[J].湖北科技学院学报,2014,(1).

[103]王厚平.探究许渊冲文学翻译的美学特征[J].海外英语,2014,(18).

[104]王黎丽.中西文化差异与跨文化翻译[J].苏州教育学

院学报,2012,(1).

[105]王若,周健,杨森.基于翻译文体学的实用翻译研究[J].天津城建大学学报,2014,(2).

[106]吴云.旅游翻译的变译理据[J].上海科技翻译,2004,(4).

[107]谢华,鞠文平.浅析跨文化翻译中的缺省和补偿——归化与异化[J].海外英语,2013,(6).

[108]徐代.跨文化翻译中的异化与归化分析[J].海外英语,2018,(23).

[109]许钧.创造性叛逆和翻译主体性的确立[J].中国翻译,2003,(1).

[110]杨帆,卫景琪.英汉翻译中的词义引申[J].文学教育,2019,(02).

[111]杨仕章.翻译界说新探[J].外语教学,2015,(6).

[112]杨松岩.论英语文学语言的艺术特色[J].松辽学刊,2000,(1).

[113]于丹,李艳红.文化翻译观与满族服饰文化的英译[J].文教资料,2018,(32).

[114]于洪波.文化翻译观视角下的绵阳民俗文化词英译[J].西昌学院学报,2018,(3).

[115]袁国荣.关联与语用预设:商务英语阅读语篇翻译研究[J].淮海工学院学报,2019,(1).

[116]詹星.探析外贸商务英语语言特点及翻译[J].佳木斯职业学院学报,2018,(11).

[117]张春柏.直接翻译——关联翻译理论的一个重要概念[J].中国翻译,2003,(4).

[118]张双江.翻译素质——译者的必要条件[J].吉林省教育学院学报,2013,(11).

[119]张扬.解读哈代《无名的裘德》中裘德的悲剧命运[J].湖南科技学院学报,2015,(1).

[120]郑海凌.文学翻译界说考辨[J].四川外国语大学学报，1999,(3).

[121]郑利萍.追寻与幻灭:托马斯·哈代《无名的裘德》的成长主题[J].连云港师范高等专科学校学报,2016,(2).

[122] Catford, J. C. *A Linguistic Theory of Translation* [M]. London: Oxford University Press, 1965.

[123]Chan, Tak-hung Leo. *Readers, Reading and Reception of Translated Fiction in Chinese: Novel Encounters* [M]. Manchester & Kinderhook(NY): St. Jerome Publishing, 2010.

[124] Edward Sapir. *Language* [M]. NY: Harcourt Brace, 1921.

[125] Eugene Nida. *Language Structure and Translation* [M]. Stanford, : Stanford University Presss, 1964.

[126]Hudson. R. A. *Sociolinguistic* [M]. Cambridge University Press, 1959.

[127]Jean Boase-Beier. *A Critical Introduction to Translation Studies* [M]. Continuum, 2011.

[128]Lefevere, A. *Translation, Rewriting, and the Manipulation of Literary Fame* [M]. London and New York: Rouledge, 1992.

[129]Newmark P. *A Textbook of Translation* [M]. Shanghai: Shanghai Foreign Language Education Press, 2001.

[130]Newmark, P. *About Translation* [M]. Beijing: Foreign Language Teaching and Research Press, 2006.

[131]Nida, E. A. & Taber, C. R. *The Theory and Practice of Translation* [M]. Shanghai: Shanghai Foreign Language Education Press, 2004.

[132]Popovic, Anton. *Dictionary for the Analysis of Literary Translation* [Z]. Edmonton: Department of Comparative Literature, The University of Alberta, 1976.

[133]Susan B. ,Lefevere A. *Translation*, *History and Culture*[M]. London,New York:Pinter Publisher,1990.

[134] Susan B. *Translation Studies* [M]. London, New York:Pinter Publisher,1991.

[135]Williams,Jenny & Chesterman Andrew. *The Map:A Beginner's Guide to Doing Research in Translation Studies*[M]. Shanghai:Shanghai Foreign Language Education Press,2004.